Wolf-Ulrich Klünker

DIE ANTWORT DER SEELE

WOLF-ULRICH KLÜNKER

DIE ANTWORT DER SEELE

Psychologie an den Grenzen der Ich-Erfahrung

VERLAG FREIES GEISTESLEBEN

ISBN 978-3-7725-2128-7

1. Auflage 2007

Verlag Freies Geistesleben
Landhausstraße 82, 70190 Stuttgart
Internet: www.geistesleben.com

Umschlag: Thomas Neuerer, unter Verwendung
eines Fotos von Andreas Neider
Druck: Henkel GmbH Druckerei, Stuttgart

INHALT

EINFÜHRUNG

Es ist gegenwärtig längst nicht mehr deutlich, was die menschliche Seele ist – und die Seele erlebt sich zunehmend in ihrer eigenen Existenz gefährdet. Im eigenen Innern, aber auch in Psychologie und Therapie wird unsicher: Ist die Seele abhängig von den Prozessen des Leibes und so mit dem Leib sterblich? Oder stammt sie aus geistiger Wirklichkeit und hat damit eine unsterbliche Existenz? Ist sie Träger der Ich-Individualität oder deren Wirkung?

Für das innere Erleben gliedert sich die Frage nach der Seele oft in drei Unterfragen: nach Angst und Krankheit; schließlich, meist wenig bewusst, nach dem Weiterleben jenseits der Todesschwelle, also letztlich die Frage nach dem Herkommen und der Zukunft der Seele. So hat auch das vorliegende Buch zunächst drei Schwerpunkte: an das Thema «Seele und Geist» (sprich Herkunft und Zukunft der Seele) schließt sich die Beziehung von «Seele und Krankheit» und schließlich der Zusammenhang von «Seele und Angst» an. Es folgt die Frage nach den inneren Entwicklungskräften der Seele, die sie auch gegenüber der eigenen Vergangenheit emanzipieren können, wenn diese nicht mehr trägt. Die Seele berührt den Leib, fühlt sich in ihm und von ihm bestimmt; sie spürt aber auch die Sehnsucht nach geistiger Erfahrung; schließlich gibt es die Berührungsgrenzen zwischen Seele und Ich. An diesen Grenzen kann die Seele ihre eigene Zukunft erleben: geisteswissenschaftlich lebt die Zukunft der Seele in dem Begriff des

Geistselbst, der explizit und implizit häufig Thema der einzelnen Abschnitte dieses Buches sein wird. Es folgt am Schluss ein therapeutischer Ausblick; er soll auch selbsttherapeutische Möglichkeiten aufzeigen und das vermutlich immer wichtiger werdende Verhältnis von Therapie und Autonomie, von fachkundiger Hilfe und eigener Freiheit ansprechen.

Die Intention zu diesen Betrachtungen ist aus therapeutischen Beobachtungen im Zusammenhang der DELOS-Forschungsstelle für Psychologie und ihrer therapeutischen Kooperationspartner hervorgegangen; vor allem aus der Erfahrung, dass Lebenskrisen und Schwellensituationen nicht durch sich selbst krankmachend wirken müssen, sondern dass die Art und Weise des Umgangs mit eigenen Problemen bestimmt, ob eine allgemeine Labilisierung eintritt – und dieser Umgang mit sich selbst hängt immer stärker vom eigenen Menschenbild ab. Wie kann ein Verständnis der Seele gefunden werden, das gegenwärtiger Existenzwirklichkeit entspricht und Gesundungskräfte der Psyche enthält?

I. SEELE UND GEIST

Psychologie und Psychotherapie sind ursprünglich aus Religion und Philosophie hervorgegangen. Das gilt für die vorchristliche Zeit, beispielsweise in der griechischen Epoche: insofern die Religionen in lebendiger Verbindung mit der Mysterienkultur standen und insofern die Philosophie aus der Mysterienkultur hervorgegangen ist, besaßen beide direkte therapeutische Dimensionen. Dieser Zusammenhang gilt aber auch für das spätere Christentum, beispielsweise des Mittelalters: die Fragen nach Gott und nach Wahrheit hatten unmittelbar seelische Implikationen; Unwahrheit und seelische Erkrankung wurden in einem bestimmten Zusammenhang gesehen. Vor allem bedeutet aber die Herkunft von Psychologie und Psychotherapie aus Religion und Philosophie, dass die Frage nach der Seele ursprünglich mit derjenigen nach ihrer «himmlischen», also geistigen Herkunft und nach ihrer geistigen Zukunft (nach der Trennung vom Leib, die sich mit dem Tod vollzieht) verbunden war. Erst die Psychologie und Psychotherapie des 19. und 20. Jahrhunderts haben die Seele «ewigkeitsfrei», also fast ausschließlich in ihrer irdischen und sterblichen Existenzwirklichkeit betrachtet. Die Bemühungen um einen psychologischen und psychotherapeutischen Ansatz in der Geisteswissenschaft sind nur zu verstehen, wenn man bedenkt, dass hier die Seele in ihrer irdisch sterblichen, aber ursächlich auch in ihrer geistigen und unsterblichen Wirklichkeit begriffen werden soll. Nur unter dieser Voraussetzung sind auch die folgenden Ansätze im Werk Rudolf Steiners verständlich.

Ursachen seelischer Krankheit

Rudolf Steiner hat zwei Grundaussagen zu den Ursachen neurotischer und psychotischer Seelenzustände getroffen. Die eine findet sich in den Vorträgen «Über Psychoanalyse» vom November 1917 (GA 178) und lautet zusammengefasst, dass unbewusste (falsche) Gedankenzusammenhänge krankmachend wirken. In diesem Sinne ist auch Rudolf Steiners Fazit in den genannten Vorträgen zu verstehen: die Gesundung kann nur von «richtigen» Gedanken ausgehen, und zwar speziell von einem geistig begründeten Menschenverständnis, das in der allgemeinen Kultur wirkt. In eine ähnliche Richtung weist der Vortrag über «Die Schwierigkeiten der Selbsterkenntnis» vom Juni desselben Jahres (GA 176): seelische Probleme entstehen aus der Unfähigkeit, die eigenen Gedankenkreise zu weiten. Wer nicht größere Zusammenhänge denken kann, steht in der Gefahr, seelisch zu erkranken; umgekehrt befreit sich derjenige aus seelischer Enge, der den eignen Gedankenraum vergrößert und so verborgene Beziehungen zwischen den Dingen bemerkt.

Die zweite Grundaussage stammt aus dem «Votum zur Psychiatrie» vom März 1920 (GA 314). Hier macht Rudolf Steiner (ähnlich wie vier Jahre später im «Heilpädagogischen

Kurs») deutlich, dass ein Verständnis auch schwerer seelischer Erkrankungen davon abhängt, ob es gelingt, die Berührung von seelisch-geistiger und leiblicher Wirklichkeit im Menschen zu begreifen. Die Betrachtungen gipfeln darin, dass Rudolf Steiner der Psychoanalyse vorwirft, sie sei eigentlich als Objekt der Psychiatrie anzusehen, also selbst krankmachend – eben weil psychoanalytisch die Berührung von Seelisch-Geistigem einerseits und leiblicher Existenz andererseits nur missverstanden werden kann. In derselben Stellungnahme folgt auch der nicht minder überraschende Hinweis, gerade bei psychiatrischen Symptomen sei zu beachten, dass oft nicht der wirklich kranke Mensch diese Symptome zeige. Vielmehr sei es möglich, dass der eigentlich Kranke unauffällig lebe, während ein konstitutionell schwächerer Mensch seiner Umgebung, der eigentlich psychisch gesund sei, anstelle des Kranken psychiatrisch relevante Symptome entwickle: der Kranke erscheint gesund, weil er seine Symptome gleichsam an einen nahen anderen Menschen delegiert, der seelisch-leiblich weniger robust ist.

Es soll an dieser Stelle nicht darauf eingegangen werden, in welcher Hinsicht sich solche Aussagen in therapeutischer Sicht bestätigen lassen. Deutlich ist jedenfalls, dass sie ein großes Potential bergen, um gerade Krankheitsformen zu verstehen, die sich heute, also achtzig Jahre später, zunehmend zeigen. Dabei kann man etwa an das Motiv des «Heilpädagogischen Kurses» (Juni/Juli 1924; GA 317) denken, das auf die Verursachung seelischer Krankheit aus unzureichenden Gedankenzusammenhängen weist: Depressionen können entstehen, wenn Gefühle nicht gedankenfähig werden, d.h. nicht umfassend und sensibel in die bewusste Gedankenbildung aufgenommen werden können. Damit ist für die Depressionstherapie die Beziehung von

Gedanke und Gefühl, genauer das Problem angesprochen, wie Gefühle gedankenfähig und Gedanken gefühlsfähig werden können. Habe ich Gefühle, die ich mir nicht klarmachen kann (aus welchen Gründen auch immer), so wird mein seelisches Erleben immer dunkler. Ich leide dann im Grunde nicht an meinen Gefühlen und Stimmungen, sondern an meiner Verständnislosigkeit mir selbst gegenüber. – All diese Motive können darauf aufmerksam machen, dass ein neues Selbstverständnis des Menschen und insbesondere ein erweiterter Begriff der Seele Ausgangspunkt für ein Verständnis seelischer Erkrankung, aber auch ihrer Heilung werden kann.

Die Luft als Leib der Seele

Was ist eigentlich die Seele? Befindet sie sich mit ihrem Selbsterleben wirklich in einer Welt, die sie durch die Sinne wahrnimmt und die die «Wirklichkeit» ist? In der Tat fühlt sich der Mensch gegenwärtig immer mehr so: Ich trage in mir mein Selbstgefühl, erinnere mich an meine bisherigen biographischen Erfahrungen, und von außen tritt mir in der Sinneswahrnehmung und im Handeln eine Welt entgegen, die mir einfach «gegeben» ist. Wie gestaltet sich aber die Beziehung der Seele zur Welt über die Sinneswahrnehmung wirklich?

Frühere Epochen, die im unmittelbaren seelischen Erleben noch elementare Wirklichkeit empfinden konnten, wussten durch intensive Selbstvergewisserung, dass die *Luft* die Verbindung zwischen dem seelischen Innen- und Außenraum herstellt. Die Seele lebt im Element der Luft, die Luft ist derjenige Äther, der ihr von außen entgegentritt, und im Luftelement geschieht der Austausch zwischen der «subjektiven» Innenwelt und der «objektiven» Außenwirklichkeit. Dabei ist die Beziehung keine einseitige: die Seele nimmt nicht nur einfach wahr, was draußen geschieht, sondern sie ist in der Wahrnehmung durch «Bewegung» des Luftelementes selbst der Außenwelt gegenüber aktiv. Der «spiritus» ist Geist, Hauch und Luft zugleich, also die Luft in ihrer elementaren Realität. Die Seele setzt die Luft als ätherisch-elementarische Wirklichkeit geistig in Bewegung, und nur durch diese Bewegung wird die Welt für die Seele erkennbar. Dabei ist das Luftelement ätherisch differenziert. Das Sehen vollzieht sich in einer dünneren, das Hören in einer dichteren Luft.

Nikolaus Cusanus beschreibt diesen Zusammenhang im 13. Kapitel seines «Compendiums». Die Beziehung der Seele zum Luftelement wird dabei an zwei menschenkundlichen Eckpunkten deutlich: die Seele belebt und bewegt in der Wahrnehmung die Luft, und die Luft bildet den lebendigen Körper der Seele, sofern diese ein wahrnehmungs- und empfindungsfähiges Wesen ist. Die «Erkenntnisbilder», also das Erkennbare der Dinge wirkt durch die Luft auf die Seele ein, und zwar als Formkraft. Damit schließt sich der Kreis: Die Seele existiert in einem Luftleib, sie setzt die Luft in Bewegung, und in der Luft begegnen ihr die spezifischen Formen aller Dinge, die sie empfindet oder wahrnimmt – die Trennung zwischen Welt und Mensch ist im Luftelement aufgehoben; für die daraus sich ergebende Psychologie ist die Seele nicht gegenüber der Welt isoliert. Zudem zeigt sich hier, warum Rudolf Steiner häufig davon gesprochen hat, dass jede Wahrnehmung als verfeinerter Atmungsprozess vorzustellen sei.

In ihrer Luftleiblichkeit ist die Seele mit der äußeren Wirklichkeit verbunden. Indem die Außenwelt formend auf den Luftleib der Seele einwirkt, erhält die Seele Kenntnis von der Welt; aber diese Kenntnis kann nur gewonnen werden, wenn sich die Seele ihrerseits mit einer Aktivität, einem Interesse an die Welt wendet; dieses Hingewendetsein wirkt im Luftelement als Belebung durch den Menschen.

Seele und elementarisches Sein

Es ist deutlich, dass bei einem solchen Verständnis die Luft nicht nur als chemische, sondern auch als elementarische Substanz ernstgenommen wird. Das Element hat stets eine materielle Seite (die «messbare» Luft) und einen geistigen Aspekt (in diesem Fall: Leben und Empfindungsfähigkeit). Die menschliche Seele und die Dinge der Welt sind ungetrennt in der ätherisch-elementarischen Wirklichkeit zusammen. Eine Differenzierung findet durch seelische Aktivität statt, durch Hinwendung und Interesse. Dadurch gerät das (ätherische) Luftelement in Bewegung, und die Dinge der Welt wirken über ihre «Erkenntnisbilder» (species: die erkennbare Form) formend auf die ätherische Luftwirklichkeit der Seele zurück. Durch diese Formung wird die Seele wahrnehmungsfähig für ein Äußeres, und es differenzieren sich im Luftäther seelischer Innenraum und äußere Welt, Wahrnehmendes und Wahrgenommenes.

Bliebe man nun auf der Elementarstufe der Luft stehen,

so würde man die seelische Wirklichkeit des Tieres, noch nicht aber des Menschen beschreiben. Denn der Mensch hat darüber hinaus eine Beziehung zum *Lichtelement*. Dieses Lichtelement wirkt allerdings nicht in der empfindungs- und wahrnehmungsfähigen Seele, sondern im Denken. Durch das Denken ist der Mensch in der Lage, Urteilskraft auf das Wahrgenommene und Empfundene anzuwenden und dadurch die Dinge deutlicher zu erkennen. So differenziert sich die Seele in sich selbst in Leib, Seele und Geist: leiblich ist sie als bewegende und formende Luftwirklichkeit, seelisch in ihrer Empfindungsfähigkeit, geistig in ihrer Denk- und Unterscheidungskraft.

Diese Sicht läßt Rudolf Steiners Darstellungen im dritten Vortrag des «Heilpädagogischen Kurses (27. Juni 1924; GA 317) in neuer Perspektive erscheinen. Dort wird beschrieben, welche Beziehungen der Astralleib und das Ich zu den Elementen besitzen – und es ist davon die Rede, dass Ich und Astralleib in *unmittelbarer* Verbindung zu den Elementen stehen. Die ältere Psychologie, insbesondere das «Compendium» des Nicolaus Cusanus, verdeutlichen die Unmittelbarkeit der Seele zu den Elementen: durch die Aktivität der Seele im Luftelement differenziert sich die elementare Welt in eine erlebte Innen- und eine wahrgenommene Außenrealität. Mit solchen Beschreibungen wird nicht nur die «aufgeklärte» moderne Theorie der Seele, sondern auch das Selbsterleben des Menschen erschüttert, das sich längst in Übereinstimmung mit der neuzeitlichen Seelentheorie befindet.

Als Fremder in der Welt?

Unzweifelhaft ist, dass Betrachtungsweisen wie diejenigen der geschilderten älteren Seelenanschauung oder auch die Darstellungen Rudolf Steiners vom Juni 1924 «widerständig» sind. Das «Widerständige» äußert sich auf zwei Ebenen: solche Zugänge sind zunächst nicht leicht verständlich, dann aber auch noch schwerer im Erleben nachzuvollziehen. Dennoch lohnt sich die Mühe, diese Schwelle zu spüren und vielleicht auch zu überwinden, denn schon im bloßen Nachvollzug eines solchen Seelenverständnisses liegt eine enorme therapeutische Kraft.

Die Seele ist hier nicht eine isolierte Monade, die sich einer fremden Welt gegenüber befindet. Die Seele steckt nicht einfach in sich und nimmt, wie mit technischem Gerät, in den Sinnen etwas ihr Fremdes wahr, das sie sich anpasst oder dem sie sich anpassen muss. Vielmehr gründet sie mit der Wirklichkeit gemeinsam in der ätherisch-elementarischen Welt, von der sie sich durch Belebung, interessehaftes Hingewendetsein und Erkenntnis zu differenzieren beginnt. Kann eine solche Auffassung nicht nur in das Verständnis, sondern auch in das Selbst- und Lebensgefühl übergehen? – Diese Möglichkeit hätte weitreichende Folgen nicht nur für das Selbsterleben der Seele, sondern auch für die Welt. Denn letztere befindet sich dann nicht einfach mehr nur «draußen», Welt und Natur sind nicht einfach nur objektive Daten eines Gegebenen, sondern das Pendant eines Lebens-, Interesse- und Erkenntnisvorgangs der Seele. Die Seele kann beginnen, sich mit der Wirklichkeit wieder befreundet oder verwandt zu fühlen – und umgekehrt bleibt die Wirklichkeit nicht seelenfremd.

Daneben wäre aber auch daran zu denken, dass ein solches Seelenverständnis, das die elementarische Ätherwelt mit einbezieht, eine seelische Kraftwirksamkeit zwischen Mensch und Welt freilegen könnte. Denn zum einen wirken die ätherischen Kräfte formend auf die Seele in der Wahrnehmung (wie beschrieben), andererseits bringt die Seele permanent in der ätherischen Luft eine belebende Kraft in die Elementarwirklichkeit hinein. Was die Seele ist, wie sie sich fühlt, wie sie sich begreifen kann, hängt also davon ab, welche Gelegenheit sie der Wirklichkeit gibt, durch die «Erkenntnisbilder» Formkräfte in sie hineinzusenden; was aber die äußere Wirklichkeit der Elemente ist, hängt genauso davon ab, welche Kräfte der Mensch durch Interesse und Unterscheidungsvermögen durch die ätherische Luft in die Welt hineingeben kann. Durch ein solches Verständnis rücken beispielsweise Psychologie und Elementenverständnis eng zusammen. Was die Seele innerlich erlebt und als biographischen Prozess durchmacht, hängt von ihrer elementarischen Welterfahrung mindestens ebenso stark ab wie von den eigenen innerseelischen und sozialen biographischen Bedingungen; was andererseits sich beispielsweise in der Witterung oder der ganzen elementarisch wahrnehmbaren Welt zeigt, hängt davon ab, wie sich Menschen in ihrem Seelengeschehen mit dem Luftelement verbunden haben, verbinden und in Zukunft verbinden werden. Aus einer solchen Sichtweise können Krankheitsursachen erhellen, die Rudolf Steiner am 16. und 18. November 1917 mit der Äthergeographie in Verbindung gebracht hat (GA 178). Das Lebensgefühl des Menschen bestimmt sich nicht mehr nur subjektiv, und die elementarische Welt ist nicht einfach objektiv «gegeben» Was die mittelalterliche (und noch frühere) Naturerkenntnis als Elemente bezeichnete, meinte gerade die Einheit meines eigenen Erlebens und der Umgebung. Die Wärme, die ich spüre, ist als empfundene Wirklichkeit sowohl in mir, als auch Bestandteil der Welt. Beide Seiten zu isolieren, wäre eine Abstraktion. Die Seele, die beispielsweise Witterung und Landschaft erlebt, verbindet Welt und Mensch. Wer diese Einheit nicht empfinden kann, erlebt sich selbst tendenziell als «außerhalb», die Welt als nicht menschengemäß.

Von den geschilderten Ausgangspunkten im Selbstverständnis der Seele in ihrem Verhältnis zur ätherischen «Welt» kann sich nun auch ein bestimmter Begriff von seelischer Krankheit und ein differenzierter Zugang zum Angstphänomen ergeben. Davon soll in den beiden folgenden Darstellungen die Rede sein.

II. SEELE UND KRANKHEIT

Meine damals achtjährige Tochter beschäftigte sich mit dem Kinderbuch «Hörbe mit dem großen Hut» von Ottfried Preußler. Hörbe ist ein «Hutzelmännlein», ein Elementarwesen, so groß, dass ihm zwar nicht eine, wohl aber mehrere Ameisen durchaus gefährlich werden können. Er besitzt einen selbstgemachten speziellen Hut, der aus verschiedenen Materialien (wie z.B. Vogelfedern) besteht; der Hut wurde Einflüssen von Erde und Kosmos (etwa der Witterung) ausgesetzt, um die gewünschte Qualität zu erhalten. – Das Kind baut diesen Hut mit Hilfe eines relativ komplizierten Drahtgeflechts nach, unter Verwendung von Stoff, Vogelfedern, pflanzlichen Materialien. Es ist damit fast zwei Tage lang beschäftigt, will den Hut dann auch den genannten Einflüssen aussetzen und ihn Hörbe oder einem anderen Elementarwesen zum Gebrauch anbieten. Zu diesem Zweck erhält der Hut eine teils durchsichtige, wetterfeste Verpackung und wird im Freien deponiert. Aus Ästen fabriziert das Kind einen Rahmen, in dem es ein Stück Papier mit einem Schriftinhalt ausspannt, der zu erkennen gibt, dass hier ein solcher Hut aufzufinden ist; dieser Hinweis wird im Fenster aufgestellt.

Die damals elfjährige Schwester kommt von der Schule nach Hause und lässt vernehmen, dass es Hörbe «nicht gibt». Als sie bemerkt, dass ihre Auskunft auch von den anwesenden Erwachsenen nicht unbedingt als passend empfunden wird, fügt sie erläuternd hinzu: «Hörbe gibt es in deiner Welt, in meiner aber nicht.» – Die Schwester hat in diesem Moment nicht im Bewusstsein, wie philosophisch, theologisch und psychologisch «modern» ihre Aussage ist; sie thematisiert auch nicht, welche Realitätswirkung das angesprochene Elementarwesen im Bewusstsein *und der Tätigkeit* der kleineren Schwester hatte.

Bis in das 20. Jahrhundert hinein hätte die Meinung, es gäbe *Wirklichkeiten* «in deiner Welt, in meiner aber nicht» als Ausdruck von «Verrücktheit» gegolten. Empfindungen, Erfahrungen, Erkenntnis konnten durchaus auch subjektiv und individuell real sein, Wirklichkeit aber nicht. Dieses Wirklichkeitsverständnis hat sich inzwischen radikal verändert, insbesondere im Hinblick auf geistige Bereiche. Das Wirkliche gilt hier (und weitgehend auch in der Erscheinungswelt) als subjektiv; jeder überindividuelle Wahrheitsanspruch kann als anmaßend oder sogar unmenschlich, dogmatisch erlebt werden. Was ist noch «wirklich» oder «vernünftig»? Wo bleibt die Seele zwischen subjektiver Verrücktheit und objektivierendem Dogmatismus? Gilt für seelische Krankheit nur noch das Kriterium von Leidensdruck und Kollision mit Lebensnotwendigkeit?

Selbstgefühl

Hegel hat in seiner «Enzyklopädie der philosophischen Wissenschaften» eine weitreichende Psychologie entwickelt. Er gliedert den psychologischen Teil seiner «Enzyklopädie» in die Abschnitte «Die natürliche Seele», «Die fühlende Seele» und «Die wirkliche Seele» (§§ 391 – 411). Der Abschnitt «Selbstgefühl» (§ 407) gehört zu dem Abschnitt «Die fühlende Seele», nicht zu «Die wirkliche Seele». Unter dem Titel «Selbstgefühl» wird seelische Krankheit ausführlich behandelt (§ 408). Es lohnt sich in mancher Hinsicht, diese Ausführungen Hegels genauer zu betrachten – gerade in einer Zeit, die in dem erwähnten Sinne zumindest in Psychologie und Philosophie geneigt ist, Illusion und Wirklichkeit nicht eindeutig zu unterscheiden, sondern mit den Rubriken «deine» und «meine» Welt arbeitet.

Hegel betrachtet die *Gefühle* der Seele als Urteile (der Welt gegenüber), die die Individualität *sich selbst gegeben hat*. Deshalb ist die Ich-Individualität *Subjekt* der Gefühle, obwohl sie seelisch empfunden, d.h. gerade nicht hervorgebracht werden. Das Selbstgefühl ist nun von allen anderen einzelnen Gefühlen dadurch unterschieden, dass es zwar als besonderes Gefühl auftritt, aber in sich doch alle Einzelgefühle zusammenfasst. Leib und Geist sieht Hegel im Selbstgefühl als ungetrennt an. Weil dennoch in der Verleiblichung des Geistes eine Sonderung stattfindet (der Geist nicht ganz, sondern immer nur teilweise Leib wird), entsteht die Möglichkeit zu seelischer Erkrankung. Diese bezeichnet Hegel dem damaligen Sprachgebrauch entsprechend als «Verrücktheit». Sie ist «eine Krankheit des Psychischen, ungetrennt des Leiblichen und Geistigen; der Anfang kann mehr von der einen oder anderen Seite auszugehen scheinen und ebenso die Heilung» (§408). Kurz zuvor findet sich der Satz: «Der Geist ist frei und darum für sich dieser Krankheit nicht fähig.»

Wie kann nun die Erkrankung des Selbstgefühls aussehen? Das Individuum ist das Subjekt, ist der «herrschende Genius» über alle Besonderheiten des Erlebens. Dieser Genius, also die geistige Individualität des Menschen, bestimmt das Selbstgefühl, das Bewusstsein, und zum Selbstgefühl gehörig auch den Traum. Unter dem Gesichtspunkt des Selbstgefühls betrachtet Hegel den Traum als Wachbewusstsein – eine wichtige Seitenbemerkung, die zu erkennen gibt, dass die *traumschaffende* Kraft Ausdruck der geistigen Individualität des Menschen ist (im Unterschied zum *Trauminhalt*). Alle Bewusstseinsinhalte werden also von dem Genius der geistigen Individualität hervorgebracht und bilden zusammen das Selbstgefühl. «Irrtum und dergleichen ist ein in jenen objektiven Zusammenhang konsequent aufgenommener Inhalt. Es ist aber im Konkreten oft schwer zu sagen, wo er anfängt, Wahnsinn zu werden» (§408). Wahnsinn liegt vor, wenn ein bestehendes Gefühl sich in Widerspruch zu dem Gesamtzusammenhang des Bewusstseins setzt. Dann herrscht nicht mehr der Genius als geistige Individualität, sondern der «böse Genius des Menschen» hat die «Verrücktheit» hervorgebracht. Damit baut der böse Genius einen Gegensatz auf zu dem «Besseren und Verständigen, das im Menschen zugleich ist, so dass dieser Zustand Zerrüttung und Unglück des Geistes in ihm selbst ist» (§408).

Ein solches Verständnis seelischer Erkrankung hat bestimmte therapeutische Konsequenzen. Beispielsweise gilt als Ausgangspunkt für die «psychische Behandlung», dass die Vernunft, die Intelligenz und Wille umfasst, nicht verloren werden kann, sondern in der «Verrücktheit» lediglich einen Widerspruch in sich aufbaut. Eine «menschliche, d.i. ebenso wohlwollende als vernünftige Behandlung ... setzt den Kranken als Vernünftiges voraus und hat hieran den festen Halt, an dem sie ihn nach dieser Seite erfassen kann, wie nach der Leiblichkeit an der Lebendigkeit, welche als solche noch Gesundheit in sich enthält» (§ 208).

Selbstverständlich lassen Hegels Betrachtungen den kulturgeschichtlichen und therapeutischen Horizont des beginnenden 19. Jahrhunderts erkennen, sind nicht frei vom idealistischen Vernunft-Enthusiasmus. Dennoch zeigen sie Aspekte, von denen das heutige, weitgehend naturwissenschaftlich bestimmte Bild der Seele profitieren kann.[1] Außer den genannten Aspekten soll hier noch der Gedanke angeführt werden, dass die «Verrücktheit» als *notwendiger Entwicklungsschritt* beim Subjektwerden des Ich verstanden wird. Die «Betrachtung der Verrücktheit als einer wesentlichen Entwicklungsstufe der Seele» (§ 408, Zusatz) meint, dass der Menschengeist insgesamt diese Negativform des Erlebens und Bewusstseins überwinden muss. Ebenso wie die Entwicklung des Willens notwendigerweise die Möglichkeit der Willensverirrung («Verbrechen») einschließt, muss auch das Selbstgefühl auf dem Entwicklungsweg des Ich sich durch problematische Gefühle, Irrtum, Täuschung hindurcharbeiten.

Demnach zeigt sich in der seelischen Erkrankung eine Entwicklungsaufgabe der Seele, die nicht von *jedem* einzelnen Menschen, aber *nur* von einzelnen Menschen zu vollziehen

1 Eine Kostprobe aus Hegels Erläuterungen zum Selbstgefühl (§ 407): Hegel behandelt dort verschiedene Erscheinungsformen der «Verrücktheit», u.a. auch die «Zerstreutheit», die er als ein «Versinken in ein ganz abstraktes Selbstgefühl» bezeichnet. «Ein ergötzliches Beispiel von diesem Seelenzustande ist ... ein französischer Graf, der, als seine Perücke am Kronleuchter hangenblieb, darüber mit den anderen Anwesenden herzlich lachte und sich umschaute, um zu entdecken, wessen Perücke fortgerissen sei, wer mit kahlem Kopfe dastehe. Ein anderes hierher gehöriges Beispiel liefert Newton; dieser Gelehrte soll einst den Finger einer Dame ergriffen haben, um denselben als Pfeifenstopfer zu gebrauchen. Solche Zerstreutheit kann Folge von vielem Studieren sein; sie findet sich bei Gelehrten, zumal bei den einer früheren Zeit angehörenden, nicht selten.»

ist. In dieser Perspektive liegt die Möglichkeit, die individuelle wie die menschheitliche Bedeutung seelischer Erkrankung in ein menschliches Verhältnis zu bringen und gleichermaßen zu berücksichtigen. Das aber ist die Voraussetzung, um sich die gegenseitige menschliche Verantwortung für seelische Erkrankung verdeutlichen zu können. Dann hat die Psychologie zur Grundlage, dass seelische Krankheit Ausdruck einer Entwicklung ist, die man als den Weg der Seele vom Selbstbewusstsein zur «wirklichen Seele» bezeichnen kann. Die wirkliche Seele ist Hegel zufolge durch die Identität von Innerem und Äußerem gekennzeichnet. Diese Entsprechung kommt im Leibverhältnis der Seele zum Ausdruck: «Sie hat an Ihrer Leiblichkeit ihre freie Gestalt, in der sie sich fühlt und sich zu fühlen gibt» – die leibliche Gestalt, «die als das Kunstwerk der Seele menschlichen ... Ausdruck hat» (§411).

Seele und Leib

Die Seele wird – das machen auch Hegels Darstellungen deutlich – im Verhältnis des Geistes zum Leib wirklich. Der Heilpädagogische Kurs Rudolf Steiners (Juni/Juli 1924) hat gezeigt, dass ein Krankheitsverhältnis gegeben ist, wenn der individuelle Geist sich zu stark oder zu wenig mit dem Leib verbindet. Ein starkes Drinnensein des Ich im Leib führt meist zu körperlichen Erkrankungen, eine zu große Distanz zum Leib hat in der Regel psychische Symptome zur Folge. Man muss aus heutiger Sicht hinzufügen, dass zunehmend eine biographische Entwicklungsaufgabe darin besteht, das individuell angemessene Leibverhältnis zu finden. Als dritte, meist unbemerkte Krankheitsursache muss nämlich die Überformung des seelischen Selbstgefühls durch den Leib gelten – oft als Krankheit gar nicht bemerkt, aber immer dringlicher in den Wirkungen. Der Seelenprozess bis hin zum Ich-Bewusstsein passt sich dann an das Leibesgeschehen an; was man als zu sich gehörig empfindet, ist leibvermittelt. Es gibt kaum noch Impulse, Empfindungen, Gedanken, die nicht durch die leibvermittelte Sinneswahrnehmung oder durch die körperliche Eigenexistenz verursacht sind. Bei dieser Krankheitsform würde es sich um eine Art Verlust der Seele durch ein immer intensiveres Selbsterleben am Leib handeln: das Selbstgefühl hat sich vollständig verleiblicht.

Die hier angesprochenen Fragen haben weitreichende praktische Konsequenzen. Denn die Therapie hängt von der Diagnose ab; das gilt auch für die «Therapie» von eigenen Seelen- und Lebensproblemen im Alltag. Die Wahrnehmungsfähigkeit bei der Beobachtung einer seelischen Problem- oder Krankheitssituation (Sensibilität) und die menschenkundlichen Begriffe, die einen Ursachenzusammenhang erkennbar machen (Erkenntnisfähigkeit) gehören untrennbar zusammen. Seelische Sensibilität und Erkenntnisfähigkeit setzen Lebenserfahrung und Wahrheitswillen voraus; dies gilt umso mehr, als Krankheits- und Problemsituationen der Gegenwart eigentlich nur noch individuell zu verstehen sind. Generalisierungen von Krankheitsursachen, Symptomen und Lösungsmöglichkeiten erweisen sich zunehmend als obsolet.

Die seelisch-geistige Individualisierung in einer Biographie ruht auf der leiblichen Individualität. Der Leib als Grundlage und Ausdruck der individuellen Existenz: das Ich wird von außen am Leibeseindruck und der Physiognomie erkannt, und es prägt sich gleichsam von innen durch Lebenserfahrung und Lebensführung in den leiblichen Ausdruck ein. Dieser Entwicklungszusammenhang von Leib und Ich hat zur Voraussetzung, dass das Ich sich vorgeburtlich die Existenzgrundlagen in der eigenen Leibbildung schafft. Der Zusammenhang beider Seiten wird gefährdet, wenn in der irdischen Existenz das Selbstgefühl und die Bewusstseinsentwicklung einerseits, der leibliche Prozess andererseits sich verselbständigen. Psychische und auch organische Erkrankungen der Gegenwart zeigen zunehmend eine Signatur, die diese Trennung erkennen lassen. Eine solche Krankheitsursache ist vergleichsweise neu, denn in der Vergangenheit war die Entwicklungsbeziehung von Leib und Individualität karmisch und durch den Vererbungsstrom gleichsam «gesichert». Nun hat der Mensch auch diese Bezogenheit als Entwicklungsgrundlage selbst in die Hand zu nehmen – und damit ist ein neues Feld von Erkrankungsursachen gegeben. Diese bedürfen einer konsequent individuellen Betrachtung, weil sie im Quellort der Individualität anzusiedeln sind.

Die Formkraft des Geistes

Der Leib wartet gleichsam auf seine individuelle Prägung vom Ich her, auf eine Wirkung aus Ich-Bewusstsein und Selbstgefühl. Diese wiederum sind auf entsprechende Resonanzwirkungen aus dem Leib angewiesen, weil das irdische Ich-Gefühl einfach leibabhängig ist und sich nur am Leib umfassend selbst zu Bewusstsein kommen kann. Ein Leib, der nicht in der Lage ist, Träger des Ich-Gefühls zu sein, drängt die Seele so stark nach außen, dass seelische Probleme oder psychiatrische Symptome entstehen können. Andererseits macht ein Seelenprozess, der nicht zum individuellen Leib passt, die Organe krank. Die geistige Kraft, die individuell wirkt, muss also dem Organismus angemessen sein, und dessen Reaktion darauf bestimmt wiederum in Gesundheit und Krankheit die Selbstwahrnehmung, die dem Ich als seelisches, d.h. im Leib inkarniertes Wesen möglich ist: das Ich ist, als individueller Geist im Leib inkarniert, Seele.

Kommt es zu einer geistigen Überformung von Organen, so wird die Seele einerseits in den Leib hineingebannt, andererseits unterliegen die Organe dann Entwicklungsbedingungen, die ihnen nicht entsprechen. Wirkt dagegen geistige Kraft zu wenig in den Organismus hinein, so entwickelt sich das Selbstgefühl ohne die notwendige «Erdung», und der Organprozess verselbstständigt sich gegenüber der Seele, er wird mechanisch und letztlich gattungshaft, d.h. er verliert seine Individualität. Gerade ein solcher entindividualisierter Leibesvorgang aber hat enorme Wirkungen auf das Selbstgefühl, nämlich im Sinne der erwähnten Überflutung von Bewusstseins- und Erlebnisinhalten aus dem Leib.

Die Frage ist nun, wie eine angemessene geistige Kraftwirkung auf den Organismus denkbar ist, die einerseits die Zusammenhänglichkeit von Leib und Seele wahrt, andererseits den Organen die angemessene individuelle Formkraft zukommen lässt, ohne ihnen ungesunde Prozesse aufzuzwingen und sie damit zu überformen. Wie subtil und sensibel dieser Zusammenhang zu denken ist, lässt sich ermessen, wenn man sich vor Augen hält, dass das Ich durch Vorstellungen, Gefühle, Willensintentionen permanent Wärme- bzw. Kältewirkungen in den Organismus übergehen lässt. Diese Wärme- oder Kältewirkungen beeinflussen ihrerseits die Luft- und Flüssigkeitsbewegungen in den Organen, beispielsweise durch kaum merkliche Veränderungen in Atmung, Herzschlag, Kreislauf. Das seelische Geschehen hat also unmittelbaren Einfluss auf die ätherischen und Elementarprozesse des Leibes.

So stellt sich seelische Krankheit ganz prinzipiell als Inkarnations- bzw. Exkarnationsproblem dar. Das Ich ist zu stark inkarniert, der Geist rumort übermäßig im Organismus, wenn der Seelenprozess in einem Organ überhand nimmt und damit zur organischen Erkrankung führt. Das Ich ist nicht stark genug inkarniert, befindet sich also in einer latenten Exkarnation, wenn der Seelenprozess (natürlich im Unbewussten) nicht stark genug in den Leib hineinwirkt. Dann bleiben diejenigen geistig-ätherischen Kräfte, die eigentlich einen Organbezug haben, im Seelischen wirksam und ersetzen den dortigen Seelenprozess durch ein Elementargeschehen, das Wirkungen bis hin zu psychiatrischer Symptomatik zur Folge haben kann. In dieser Einstellung erweist sich der Berührungspunkt von Leib und Geist als Zentralproblem für ein Verständnis seelischer Erkrankung und ihrer Therapie.

In älteren Entwicklungsepochen der Menschheit konnte der Leib karmisch und im Erbstrom so gut vorbereitet sein (aus der vorgeburtlichen Wirksamkeit des Ich und der Hierarchien heraus), dass er eine angemessene Entwicklungsgrundlage des Ich für das Erdenleben bieten konnte. Die Resonanzwirkungen des Leibes auf das seelische Selbstgefühl waren ebenfalls der Ich-Entwicklung adäquat. Umgekehrt entsprachen die geistigen Impulse, die leiblich wirksam wurden, den Formkräften, deren Wirksamkeit der Organismus während der Erdenexistenz bedurfte. Einerseits konnte das Ich am Leib Erfahrungen machen, die für seine irdische Weiterentwicklung sinnvoll waren; andererseits wirkte das Ich als Formprinzip dabei so auf den Leib, dass dieser seiner Funktion als Träger des individuellen Ich-Gefühls gerecht werden konnte. Es galt das alte Prinzip «anima forma corporis», die Seele als Form des Leibes (für den Menschen: das Ich als Form des Leibes). Umgekehrt konnte der Leib auf diese Weise permanent als irdisches Individuationsprinzip wirken. In der Gegenwart ist dagegen zunehmend zu beobachten, dass der Leib auf elementar-seelische Erfahrungen von Formkraft aus dem Ich wartet, um überhaupt im Sinne dieses Individuationsprinzips wieder funktionieren zu können. Diese Formkraft wiederum kommt dem Ich nicht karmisch instinktiv zu, sondern muss aus bewusster Ich-Tätigkeit erarbeitet werden; mit anderen Worten: es handelt sich dabei letztlich um Geistselbst-Wirkungen.

Therapeutisch lässt sich dieser Zusammenhang abschließend in einer bestimmten Fragestellung konzentrieren: Wie kann eine innere seelisch-leibliche Erfahrungssituation entstehen, in der der Organismus die angesprochenen Formkräfte und das Selbstgefühl individuell stimmige Resonanzwirkungen aus dem Leib erhalten kann? Es würde sich dabei um Situationen oder auch nur Augenblicke eines «gesunden» Leib-Geistverhältnisses handeln, das gerade in seiner seelischen Erlebnisqualität, also im Selbstgefühl, seinen Ausdruck finden müsste.

Solche Situationen oder Momente werden immer mehr nicht nur bei wirklicher Erkrankung, sondern auch in der alltäglichen Seelenproblematik erstrebenswert – gleichsam als Modellerfahrungen, an denen das Ich im Selbstgefühl und unbewusst auch der Organismus etwas «lernen» können.

Die Gesundungskraft könnte dann zunächst nicht an einer dauerhaften Lebens- oder Symptomveränderung abgelesen werden. Vielmehr würde es darauf ankommen abzuspüren, ob entsprechende Erfahrungsmomente allmählich auf das Selbstgefühl und die Organfunktionen ausstrahlen können. Der Therapieerfolg wäre unter Umständen gar nicht an einer Symptombeseitigung abzulesen, sondern eher an einer allmählichen (sich aufhellenden) Wandlung des Selbstgefühls. Selbstverständlich ist hier nicht gemeint, dass die seelische Stimmung sich zu einer (leiblich problematischen weil exkarnativen) Euphorie verändert. Allmählich kann demgegenüber eine Empfindung dafür an sich selbst und anderen Menschen entstehen, welche Erlebnismomente in der angedeuteten Weise Wirkung über den Erlebnisaugenblick hinaus besitzen können. Genauer formuliert würde es sich dabei um den Versuch handeln, solche Erlebnismomente und ihre Wirkung auf das Selbstgefühl unter dem Gesichtspunkt einer weiter wirksamen Formkraft anzuschauen. Daraus kann die Zuversicht entstehen, dass aus geistig-leiblicher Formkraft eine umfassende Heilungswirkung hervorgehen kann.

III. SEELE UND ANGST

Angst – jeder müsste eigentlich zunächst in sich selbst hineinhören, hineinspüren und dann nicht «über» die Angst, sondern aus der eigenen Erfahrung heraus weiterlesen. Angst ist ein seelisches Phänomen, das immer mehr in das alltägliche Bewusstsein rückt. Die Zeiten gehen zu Ende, in denen die Angst als eine innere Ausnahmesituation oder als seelische Resonanz auf äußere Bedrohung gelten konnte. Die alte Faustregel «Mutig ist nicht, wer nie Angst hat, sondern wer die Angst überwindet» kann zunehmend zur allgemeinen Lebensmaxime werden. Fast jeder versteht unmittelbar die berühmte indianische Erfahrung, dass die Angst die Seele «aufisst». Wo man mit der Angst tief in sich auf sich selbst auftrifft, begegnet man gar nicht mehr sich selbst, sondern einem Verlust und einer Leere, die gerade dadurch erschreckend wirkt, dass sie zeigt: in dieser Angst habe ich mich selbst verloren – und gerade diese Erfahrung vertieft das Angstgefühl noch zusätzlich.

Eine weitere alte Grundregel besagt: besonders krank macht eine Krankheit, von der der Kranke nichts weiß oder deren wirklichen Umfang er nicht kennt (bzw. nicht kennen will). Das Problem der unbewussten oder verdrängten Angst wird immer mehr ursächlich für diverse Krankheitsprozesse. Gefahren entstehen insbesondere, wenn seelische Angst sich in den Organismus verlagert und dort destruktiv wirkt. Ein Erleben, das eigentlich seelisch das Bewusstsein bestimmen sollte, wird oder bleibt unbewusst und tritt damit von der Erlebens- auf die Lebensebene über; eine unbewusste Empfindung wird zu einer überstarken Präsenz des Astralleibes in einem Organ oder Organzusammenhang, der dadurch krank wird. Die Angst, die seelisch nicht gefühlt wird, wird zur zerstörerischen ätherisch-leiblichen Kraft. Angst und Kraft – wie gehören sie zusammen?

Die Kraft der Angst

Angst wirkt auch in der Seele unmittelbar als *Kraft*; ihr *Inhalt* ist dagegen nicht immer klar bestimmbar. Er tritt gegenüber der Kraftwirkung zurück; dies hat die Angst mit jedem Gefühl gemeinsam. Versucht man nun, die Angst (oder auch ein anderes Gefühl) mit kraftlosen Gedankeninhalten zu verstehen oder gar zu beeinflussen, so wird man mit der Wirkungslosigkeit dieses Bemühens konfrontiert. Daraus entsteht die Lebensproblematik, dass der Versuch, die Angst zu verstehen und aus dem Verstehen zu verändern, zu keinem Erfolg führen kann. Vor dieser Schwierigkeit steht auch jede psychotherapeutische Bemühung. Es stellt sich die Frage, wie der Zugang zu dem Kraftbereich der Seele zu erreichen ist; es wird oft schmerzlich erlebbar, dass dies nicht durch ein Denken oder Erleben möglich ist, das selbst kraftlos bleibt. Wie kann Bewusstheit nicht nur in der Region des kraftlosen Vorstellungsbildes, sondern auch im Bereich der Kraft entstehen? Wie kann gleichzeitig das Bewusstsein (Gedanke oder Erleben) selbst zur Kraft werden?

Eine weitere wichtige Beziehung besteht zwischen Angst und *Form*. Angst tritt in Situationen auf, in denen Formen zerbrechen oder bedeutungslos werden. Beispielsweise kann Angst bei dem Verlust einer zwischenmenschlichen Beziehung entstehen, die zur Lebensform geworden ist. Auch die Begegnung mit inneren oder äußeren Situationen bzw. Konstellationen, die nicht durch bekannte Begriffe verständlich sind und sich so den bisher entstandenen Erlebnisformen entziehen, kann zur Angst führen.

Prinzipiell betrachtet entsteht Angst in dem Spannungsfeld zwischen Kraft und Form. Damit ist die Angst Ausdruck eines grundlegenden seelischen Problems: die Form des Lebens, des Denkens, der Wahrnehmung droht stets zu erstarren und kraftlos zu werden – aber die ungeformte Kraft im Erleben, in der Wahrnehmung, in der Empfindung löst Angst aus, weil die Grenzen überschritten werden, innerhalb derer sich das Ich in der Seele bisher erleben konnte. Andererseits würde ein Mensch mit der Aussage «Ich habe nie Angst» im Grunde zu erkennen geben, dass die Grenzen seines Ich-Erlebens in der Seele sehr fest gezogen sind. An diesem Zusammenhang wird deutlich, eine wie enge Beziehung zwischen der Entwicklungsfähigkeit des Menschen und der Angst besteht. Ohne Angst gäbe es keine Ich-Entwicklung, denn Angst zeigt die Grenzen des Ich-Erlebens auf, und sie macht zugleich spürbar, dass diese Grenzen geweitet werden können. So kann die Angst als seelische Empfindung von der Entwicklungsfähigkeit des menschlichen Ich gelten, und der Mensch ist in dem Maße seelisch-geistig entwicklungsfähig, in dem er sich mit der Angst auseinanderzusetzen vermag.

Was Angst bekämpft

Fast jeder hat die Erfahrung gemacht, dass Gedanken, vernünftige Überlegung, Betonung der «Wirklichkeit» keine geeigneten Mittel gegen die Kraft der Angst darstellen. Aber nicht nur der Gedanke, auch das Gefühl erweist sich meist als machtlos; wenn die Angstempfindung stark ist, kann ein anderes Gefühl kaum seelisch dagegengesetzt werden und mildernd wirken. Die einzig wirklich wirksame Gegenkraft gegen die Angst ist der *Wille.*

Der Wille äußert sich zunächst in einer Art Durchhalte-Bewusstsein: sich der Angst zu stellen, sie aushalten und auch überwinden zu wollen, obgleich momentan weder die eigene Gedankentätigkeit noch das Gefühl etwas gegen die Angst ausrichten können. Weiter dokumentiert sich dieser Wille darin, wenn im «normalen» angstfreien Leben nicht die Tendenz besteht, Angstvermeidung zu betreiben. Diese längerfristige Willensintention ist Ausdruck der Bereitschaft, sich den Bedingungen der Ich-Entwicklung und Weltbegegnung zu stellen und nicht die seelische Beruhigung zum höchsten Prinzip zu erheben.

Die Beziehung von Angst und Wille führt auch auf die therapeutische Dimension des Umgangs mit Angst. Es gibt, wie die vorangegangenen Überlegungen zeigen, kein direktes Mittel gegen die Angst. Dies gilt übrigens für jedes «problematische» Gefühl; jedes Gefühl *muss* erlebt werden, wie Rudolf Steiner in dem Vortrag über die «Schwierigkeiten der Selbsterkenntnis» verdeutlicht: «Es kann nicht in einer ähnlichen Art [wie Denken und Wollen] das Gefühlserleben durch einen inneren Seelenanstoß entwickelt werden, weil das Gefühlserleben als geistiges Gefühlserleben auch wirklich erfahren wird. Daher ist dasjenige, was dem Gefühl entspricht, drüben in der geistigen Welt etwas, was selbst an einen herankommen muss. Man kann meditierend, sich konzentrierend, Wollen und Denken ausleben, aber man kann nicht das Gefühlsleben kultivieren. Das muss man führen lassen, und das ergibt sich dann.»[2]

Ähnliches gilt auch für die Angst: man muss sie «herankommen» lassen, man kann sie nicht «kultivieren». Denn sie ist geistig gesehen eine Kraft und Erleben zugleich, nicht nur ein Bild, eine Vorstellung im Bewusstsein (ohne Kraft) wie das Denken, aber auch nicht eine zunächst nur unbewusste, d.h. nicht erlebte Kraft wie der Wille. Im Gefühl und damit auch in der Angst kommen Bewusstsein und Kraft, Erleben und Kraft zusammen, während im Willen zwar die Kraft wirkt, aber im Bewusstsein und im Erleben nicht diese Kraft selbst, sondern wiederum nur ein Vorstellungsbild der Willensintention oder des erreichten Willenszieles auftritt. So muss die Angst «wirklich erfahren» werden, aber in der Zuversicht, dass sich «das», wie Rudolf Steiner formuliert, schon «ergibt» wenn man das Gefühlsleben «führen» lässt – die Lösung tritt also gleichsam von selbst ein, nur dass man den Zeitpunkt dieser Lösung nicht vorab bestimmen kann.

Daraus ergibt sich ein therapeutisches Prinzip, das durchaus auch für die eigentherapeutische Bemühung gilt. Es wird immer problematische Wirkungen zeigen, wenn man versucht, der Angst auszuweichen; entweder kommt es dadurch zu einem echten Entwicklungsstillstand, oder aber die Angstgefühle bleiben unbewusst, dann wird immer eine Tendenz zur Depression entstehen. Depression und Überformung, vielleicht sogar Zwanghaftigkeit gehören eng zusammen.

2 Rudolf Steiner: Vortrag vom 10.7.1917 (GA 176).

Eine wirksame therapeutische Bemühung kann sich auf die beschriebene Beziehung von Angst und Wille besinnen. Praktisch führt dies zu einer Parallelführung, die auch insgesamt als therapeutische Haltung gegenüber jeder problematischen Gefühlsbildung gelten kann. Das Gefühl wird zur Kenntnis genommen, belassen wie es ist, und *parallel dazu* werden die eigenen Intentionen, Beschäftigungen, Interessen betont und praktiziert, wann immer es möglich ist. So wird sich nach und nach eine positive untergründige Auswirkung auf die problematischen Gefühlsbereiche feststellen lassen, ohne dass allerdings eine direkte Einflussnahme oder auch eine zeitliche Prognose möglich wären. Wann die Veränderung eintritt und wie sie sich auswirkt, ist in der Vorstellung nicht vorwegzunehmen. Auf einem solchen Weg kann es mittel- oder längerfristig zu einer Konstitutionsveränderung im seelisch-organischen Zusammenhang kommen: die eigene Erlebnisgrundlage, die eigenen habituellen und konstitutionellen Voraussetzungen können sich allmählich so ändern, dass das Angstproblem gelöst wird, ohne dass es selbst eine inhaltliche Veränderung erfährt.[3]

3 Zur jeweils aktuellen Lebensbedeutung und Therapie des Gefühls vgl. das entsprechende Kapitel in Wolf-Ulrich Klünker: Selbsterkenntnis – Selbstentwicklung. Zur psychotherapeutischen Dimension der Anthroposophie, 2. Aufl. Stuttgart 2003.

Angst und Geistselbst

Unter dem Titel «Das Seelenwesen in Seelenmut und Seelenangst» spricht Rudolf Steiner von der Ängstlichkeit, die entsteht, «wenn das Geistige in die Erkenntnis eintreten soll».[4] Wenn Erlebnisse und Begriffe des Verhältnisses zur physischen Welt nicht mehr gelten, wenn die Gepflogenheiten der Naturwissenschaft und die entsprechenden modernen Lebensgewohnheiten nicht mehr greifen, dann entsteht Angst: «Angst davor, dass man ins Leere greifen könnte, wenn man nicht mehr die Natur betasten soll».[5] Für «Natur» kann man hier durchaus auch diejenigen Seelenerlebnisse einsetzen, die aus einem rein irdischen Verhältnis zur Wirklichkeit entstehen.

Die Angst kennzeichnet ein Bewusstsein, das instinktiv die Tendenz hat, vor dem Geist zu fliehen. «Die Ableugnung der geistigen Welt ist ein Weglaufenwollen vor dem eigenen Seelenwesen. Das aber stellt eine Unmöglichkeit dar. Man *muss* bei sich selber bleiben. Und weil man wohl weglaufen, aber nicht *sich* entlaufen kann, sorgt man dafür, dass man im Weiterlaufen sich nicht mehr sieht.»[6] Die Angst ist das Weglaufen vor der Begegnung mit mir selbst im Geist. Ich kann aber nicht vor mir selbst weglaufen, deshalb erfinde ich argumentative Scheingründe gegen den Geist. Und (das wäre den Ausführungen Rudolf Steiners hinzuzufügen) ich erfinde Gründe, warum ich mich nicht näher auf die Erfordernisse des Geistes einlassen kann: warum geistige Arbeit

4 Rudolf Steiner: Vom Seelenwesen, IV: Das Seelenwesen in Seelenmut und Seelenangst (1923; GA 36).

5 A.a.O.

6 A.a.O.; Hervorhebungen im Orginal.

nicht möglich ist, was alles sie verhindert; wie sehr ich beschäftigt bin; wie schwierig die Geisteswissenschaft ist; dass Übung doch zu nichts führt und dass alles auf das Handeln ankäme – alles Scheingedanken und -erlebnisse, die helfen sollen, die Angst vor dem Geist zu vermeiden.

Gesunde Angst ist dagegen eine berechtigte seelische Reaktion des irdischen Ich an denjenigen Stellen, an denen eine Geistberührung stattfinden könnte. Wo eine Beziehung zum eigenen Geistselbst aufgenommen werden kann, entsteht unter irdischen Existenzbedingungen Angst; diese Angst ist notwendig, um das Ich auf der Erde zu halten, so dass es nicht immer in geistige Bereiche ausweicht. «In der Welt habt ihr Angst; aber habt Mut, ich habe die Welt besiegt» (Johannes 16,33). Das Ich, das hier spricht, kennt die Erdenerfahrungen und hat sie nicht vermieden, sondern «besiegt», hat sich ihnen also gestellt. Damit hat dieses Ich einen Standort jenseits der Angst erreicht – gerade dadurch, dass es die Angst kennengelernt hat. Interessant ist, dass an dieser Stelle des Johannes-Evangeliums im ursprünglich griechischen Text und der das mittelalterliche Christentum bestimmenden lateinischen Übersetzung ein Begriff für «Angst» verwendet wird, der auch Bedrängnis und Druck bedeuten kann (lat. pressura).

Angst an der Schwelle des Ich

Die Angst ist eine Erlebnisform an der Schwelle. Das Ich begegnet sich selbst als geistiges Wesen, aber nicht in der geistigen Welt, sondern auf der Erde. In der Angst kann diese geistige Berührung kaschiert oder sogar entstellt werden, aber die Angst bleibt auch, wenn die geistige Dimension dieses Erlebens im Bewusstsein greifbar wird. So kann das Ziel im Sinne einer gesunden Ich-Entwicklung zum Geistselbst nicht darin bestehen, die Angst zu vermeiden, sondern darin, sie als Kennzeichen der Schwellensituation des Ich bewusstseinsfähig zu machen. Das Ich entwickelt sich auf der Erde; es bildet dabei Erlebnisweisen, Empfindungen und Begriffe aus, die irdisch bestimmt sind; wenn es in dieser Situation mit seinem geistigen Ursprung konfrontiert wird, tritt die Grenze und die beschränkte Geltung irdischer Erfahrung in das Bewusstsein und *muss* dadurch Angst auslösen. *Diese* Angst ist Kennzeichen einer gesunden seelischen Existenz im Bewusstsein der Schwelle; völlige Angstfreiheit wäre dagegen entweder Ausdruck davon, dass die irdische Existenz des Ich nicht ernstgenommen wird – oder aber Indiz der entgegengesetzten Vereinseitigung: dass sich das Ich seelisch nur noch innerhalb der Grenzen der physischen Welt erleben kann und sich deshalb «sicher» fühlt.

Damit ergibt sich aber auch ein bestimmtes Verständnis der Ursache von Angst. Sie verhindert, dass das Ich sich einseitig für das irdische Sein oder für die geistige Existenz entscheidet. Angst stellt für das Ich eine gewisse Durchlässigkeit an der Schwelle her. Aber kein breites Tor, sondern eher ein enges Nadelöhr, das bewirken kann, dass der Mensch beim Schwellenübertritt bei sich selbst bleibt, eben an der Grenze zwischen physischem und geistigem Sein. Wird die Angst in dieser Weise «gesund» verstanden, so kann ein solches Verständnis dazu beitragen, ungesunde und quälende Angst zu demaskieren: als Kaschierung der Schwellensituation des Ich. Wird diese Schwellensituation ins Bewusstsein aufgenommen, so verschwindet allmählich die «überflüssige» situative und Lebensangst.

Angst wird überwunden, wie oben deutlich wurde, indem das Ich Anschluss an die Willensdimension der eigenen Existenz findet. Latente und verdeckte Angst äußert sich als Antriebslosigkeit, Dumpfheit, Gewöhnung, eben als Willenslähmung. Der Zusammenhang von Angst und Wille bzw. Mut tritt auch in ihrer Beziehung zum Stoffwechsel-Gliedmaßensystem in Erscheinung. Angst greift in die Bewegungsfähigkeit im weitesten Sinne ein, Angst äußert sich durch Labilisierung der Stoffwechselvorgänge. In extremer Erscheinungsform kann sie als Schock oder Panikattacke auftreten und dabei die Bewegung und den Stoffwechsel lähmen. Schon diese Andeutung der möglichen Symptomkomplexe macht deutlich, dass die Angst zunehmend zu einem existenzbestimmenden Zivilisationsfaktor wird.

Aber sie kann, geisteswissenschaftlich betrachtet, auch zu einem Faktor *seelischer Vertiefung* werden. Dies setzt allerdings voraus, dass man sie nicht einfach therapeutisch verobjektiviert und nach «Ursachen» sucht, die zuweilen doch nur Anlässe der Angst sind. Das seelische Grenzerleben, das aus einer zunehmenden Bewusstheit im Hinblick auf die Angst hervorgeht, kann zu einem inneren Führer des Ich an der Schwelle zur geistigen Welt werden. In gewisser Hinsicht ist es sogar möglich, die Angst als individuellen Führer an der Ich-Grenze zum Geistselbst und zur geistigen Welt für die eigene seelische Existenz liebzugewinnen; denn sie garantiert, wenn sie nur in richtiger Weise beachtet wird, dass ich auch im Übergang zur geistigen Dimension meiner selbst bei mir selbst bleiben kann; dass ich die Erdenerfahrungen zugunsten der geistigen Existenz nicht verleugnen oder vergessen muss, sondern sie mit dem Geist als Weg der Selbstentwicklung verbinden kann; dass auf diese Weise eine Vertiefung des eigenen Existenzgefühls möglich wird, die sich für das Ich nur an der Schwelle ergeben kann.

Aus einer solchen Grundhaltung und Gewissheit kann sich dann auch die Kraft zur Überwindung der Angst ergeben – wohlgemerkt nicht zu ihrer Verleugnung und auch nicht zu ihrer Verdrängung aus dem Leben, sondern zu ihrer immer wieder neu zu vollziehenden Überwindung. Man kann nämlich aus dem angedeuteten Verständnis der Angst bemerken, dass es immer ein «Danach» gibt. Und dieses Bemerken kann zur Gewissheit werden, die auch dann durch Bezugnahme auf den eigenen Willen trägt, wenn das aktuelle Erleben von Hoffnungslosigkeit gekennzeichnet ist.

Aus einer solchen Gewissheit können zwei Erfahrungen im Umgang mit der Angst hervorgehen, die unmittelbar als Vertiefung des Ich-Erlebens in der Seele wirken können: die Erfahrung, dass im Hinblick auf die Angst nicht die aktuelle Erlebnissituation, sondern das erwähnte «Danach» aussagefähig ist, das durch die geschilderten Verständnisbemühungen vorbereitet werden kann. Daneben wird die Erfahrung möglich, dass die Angst das Erleben des Schwellenphänomens schlechthin und damit Ausdruck der irdisch-geistigen Doppelexistenz des Ich ist: sie tritt immer auf, wenn das Ich entweder zu stark im Leib und damit auf der Erde gefangen ist und sich dadurch eingeschlossen fühlt; und sie tritt immer dann auf, wenn das Ich zu stark den Leib und damit seine irdischen Existenzbedingungen verlässt, sich draußen in der Welt und im Geist fühlt und damit die eigene Form zu verlieren droht. Noch stärker wird die Angst, wenn beide Zustände sich abwechseln: wenn man sich in sich selbst eingesperrt fühlt, wächst das Bedürfnis, sich selbst, den Leib und die irdischen Existenzbedingungen zu verlassen. Trifft man sich dann «außerhalb» an, so spürt man, dass die eigene Form verloren gegangen ist, dass das Ich als formloses Wesen zur Auflösung tendiert. Also sehnt man sich gleichsam in den Leib zurück und findet sich im eigenen Gefängnis wieder, aus dem man sich nur durch neue Exkarnationsbemühungen befreien kann – usw.

Die Angst als Ich-Erleben an der Schwelle dagegen kann als Mittel begriffen werden, die Ich-Existenz an der Grenze zwischen physischer und geistiger Welt in eine gesunde und entwicklungsfördernde Eigenregulation zu bringen. Damit arbeitet das Ich an den eigenen Entwicklungs- und Konstitutionsbedingungen. Ein Leben ohne Angst würde auf die Selbstregulation des Ich an der Schwelle verzichten.

IV. DIE GRENZE DER ICH-ERFAHRUNG

Diese Arbeit des menschlichen Ich an den eigenen Entwicklungs- und Konstitutionsbedingungen hat jedoch eine Voraussetzung: das Ich kommt heute an die Grenzen seines Selbstverständnisses und damit interessanterweise auch seiner Existenz. Das Lebensgefühl wird erschüttert, weil das Ich sich nicht mehr selber begreift, weil die kulturellen wie wissenschaftlichen Begriffe zu seinem Verständnis nicht ausreichen. Die Diskrepanz zwischen Selbsterleben und Selbsterkenntnis erschüttert das Lebensgefühl, die bisher weitgehend selbstverständliche Lebensgrundlage. Damit haben sich die Existenzbedingungen des Ich im Übergang zum 21. Jahrhundert grundlegend geändert; sie besitzen kein historisches Vorbild.

Zentral ist in dieser Situation die Trennung von Selbsterleben und eigener Urteilsbildung. Das Existenzgefühl, aber auch Handlungsintentionen stimmen nicht mehr unbedingt mit dem eigenen Denken überein. Es intensiviert sich der Eindruck, dass dieses Denken mit seinen Begriffen und (vielleicht alten) Orientierungen ungenügend ist; dass Bedürfnisse und Empfindungen aufsteigen, die sich durch die mitgebrachten Begriffe nicht erfassen lassen. Dass diese Begriffe das eigene Innere nicht erreichen; dass darüber hinaus das Denken auch die äußere Wirklichkeit nicht wirklich zu durchdringen imstande ist. Die eigene Urteilsbildung kann selbstverständlich nicht aufgegeben werden, und so gewöhnt man sich daran, dass sie mit dem Gefühlsleben nicht identisch ist, in eine gewisse Parallelführung gerät, vielleicht sogar in einen Gegensatz. Problematisch ist daran nicht, dass die Diskrepanz entsteht: sie wäre im Gegenteil bewusstseinsfördernd für diesen Bereich. Sondern schwierig wird es, wenn eine innere Spaltung im Ich entsteht, die den Graben zwischen dem eigenen Denken und der inneren Zuständlichkeit, zwischen dem Selbstgefühl und der Welt gar nicht mehr überwinden *will,* sondern als mehr oder weniger selbstverständlich zunächst akzeptiert und in einem weiteren Schritt voraussetzt. Daraus kann die Gefahr entstehen, dass Selbstverantwortlichkeit aufgegeben wird. Diese Gefahr äußert sich seelisch in einem inneren Erleben, in dem man sich nicht mehr selbst begreift – eine Existenzform, die zunehmend psychiatrische Formen annehmen kann. Oder es kommt zu Handlungen, denen gegenüber man sich keine Rechenschaft (des Gewissens oder der Selbstverantwortlichkeit) ablegen kann – die Delinquenzentwicklung bis hin zu letztlich nicht begründbaren Übergriffen auf Menschen legt davon Zeugnis ab.

Angesichts dieser Situation hat das Ich berechtigterweise immer mehr das Erleben, dass Theorien der «Individualität», des «Menschen» oder der «Seele» ihm nicht weiterhelfen können. Mehr oder weniger bewusst wird nach Intuitionsmöglichkeiten gesucht, die die eigenen Existenzvoraussetzungen oder zumindest die innere Erlebnisform verändern. Die Wissenschaft vom Menschen bleibt aber deskriptiv, d.h. kann sich bestenfalls um eine zureichende Analyse des Gegebenen bemühen. Wie aber ist der Übergang von der Analyse zur Synthese möglich? Wie können in einer Wissenschaft menschlicher Individualität Grundlagen für eine neue Existenzweise des Ich geschaffen werden? Eine solche Wissenschaft vom Menschen wäre nicht mehr rein beschreibend, sondern proskriptiv, d.h. sie würde die Grenzen der Existenz und des Lebensgefühls erweitern – wonach die Lebenssituation und auch eine innere Sehnsucht des Ich heute zu streben scheint. Aber der Übergang von der Deskription zur Proskription, zum vorausgehenden Finden neuer Lebens- und Erlebensform ist ebenso schwierig wie der von der Analyse menschlicher Existenz zur geistigen Synthese eines Begriffs vom Menschen, der dann auch seelisch und sozial gelebt werden kann. Die Methode für ein solches Vorgehen müsste erst noch gefunden werden.

Dennoch können vielleicht bestimmte Grenzerfahrungen des Ich, die sich in den letzten Jahrzehnten zunehmend gezeigt haben, einen Ausgangspunkt bilden. Allerdings ist es wichtig, dabei im Bewusstsein zu halten, dass die Analyse solcher Erfahrungen selbst nicht über sie hinausführen wird; dass sie vielleicht aber eine Art Angliederungspunkt für neue Gedanken bilden können. Diese Begriffe des menschlichen Ich ließen sich nicht nur von den Erfahrungen leiten, sondern würden sie vor allen Dingen dazu verwenden, sich die Grenzorte der «alten» und in mancher Hinsicht nicht mehr tragfähigen Ich-Entwicklung aufzeigen zu lassen.

Ich bin nicht mit meinem Erleben identisch

Zu den neueren individuellen und auch kulturellen Erfahrungen gehört die (zunächst überraschende) Einsicht, dass ich nicht mit meinem Erleben identisch bin. Was immer ich aktuell empfinde, was immer ich in der Vergangenheit erlebt habe: ich kann mich damit nicht identifizieren. Zwar suche ich permanent nach möglichst positiven Erlebnissen, aber ich merke doch zugleich, dass sie das Ich nicht erfüllen können. Deutlicher wird die Desidentifikation mit dem Erleben, wenn es sich um unangenehme Empfindungen handelt. Aber in beiden Fällen gilt der von der Psychologie des 20. Jahrhunderts nicht zureichend zur Kenntnis genommene Satz, *dass zwar die Seele erlebnisorientiert ist, dass das Ich aber im Bereich des Erlebens gar nicht angetroffen werden kann.*

Bei genauerer Betrachtung ist diese Tatsache auch für alle zurückliegenden biographischen Erfahrungen festzustellen. Denn ich bemerke sehr schnell, dass ich vor einem Jahr, vor zehn Jahren, vielleicht vor 20 oder 30 Jahren Empfindungen hatte, die mir damals wichtig waren, negativ oder positiv eine große Virulenz ausgeübt haben. Heute muss ich konstatieren, dass ich davon vielleicht eher peinlich berührt bin (beispielsweise von intensiven Hass- oder Sympathiegefühlen). Außerdem hatte ich «damals» Vorstellungen, Ideale und Orientierungen ausgebildet, von denen ich mich heute nur noch distanzieren kann. – Zieht man diese Erfahrungen zusammen, so wird ohne weiteres klar, dass das Ich nicht in bestimmten Erlebnissen, Vorstellungen, Orientierungen – und seien sie noch so wichtig – gesucht werden kann, sondern als diejenige *Kraft* wirkt, die auch die unterschiedlichsten seelischen Aspekte meines Seins verbindet. Und diese Kraft des menschlichen Ich ist umso stärker wirksam, je mehr Diskrepantes verbunden werden muss. Das Ich kann allerdings an dieser Aufgabe auch scheitern; dann stellt sich für das seelische Erleben eine Ich-Dissoziation dar.

Die Gegenwartskultur und das durch sie angeregte seelische Erleben sucht vielfach nach Erlebnissen und Erfahrungen, mit denen man sich identifizieren kann. Der Begriff «Erlebniskultur», die Aufforderung, sich selbst und die Welt erleben zu sollen, zeugen davon, dass immer noch von einer Erlebnisidentifikation ausgegangen wird. Vielleicht fehlt auch eher der Begriff des Ich, der dessen Distanz zur Erlebnis- und Erfahrungswelt deutlich und damit auch lebbar machen könnte. Jedenfalls sind durch solche Orientierungen permanente Enttäuschungen, Frustrationserlebnisse und Handlungsdemotivationen vorgeprägt. Auch im zwischenmenschlichen Bereich wird nach Empfindungen und Stimmungen gesucht, die entweder nicht gefunden werden können oder sich als nicht dauerhaft erweisen. Eine echte Lösung oder gar Erlösung würde darin bestehen zu bemerken, dass die Empfindungsebene, so nahe sie mir ist, in Wahrheit die Ich-Natur nur berührt und dass sich an diesem Punkt eine Differenzierung zwischen seelischem Selbsterleben und der eigenen Ich-Existenz zeigt.

Selbstverständlich folgt aus einer solchen Einsicht auch nicht, dass es mir ruhig schlecht gehen sollte. Aber die Quellen meines Lebensgefühls liegen eben nicht innerhalb des Bereiches der Intention, die positive Erlebnisbedingung herstellen will. So kann man beispielsweise auch bemerken, dass ein Erleben oder ein Empfinden, das ich beispielsweise in einem Zusammentreffen mit Menschen *jetzt* habe, für sich noch gar nicht aussagefähig ist. Die aktuelle Situation ist in sich nicht abgeschlossen, sie zeigt ihre Realität nicht im Momentanerleben, sondern ihre *Kraftwirkungen* setzen sich in ein «Danach» fort, von dem man nicht wissen kann, wann es abgeschlossen ist. Aber erst dann ist die Situation zu bewerten, erst dann stellen sich (nachträglich) Empfindungen ein, mit denen das Ich sich eins fühlen kann. Diese Einsicht befreit von dem Druck, sich um befriedigende Lebenssituationen kümmern *zu müssen* und von dem Leidensdruck, der durch zu hohe Identifikationen mit problematischen Erfahrungen entsteht. An die Stelle der beiden (nicht ich-gemäßen) Ausrichtungen kann eine tendenzielle Gelassenheit treten, die abwartet, «was daraus wird».

Die Intensität eines Erlebens sagt nichts über seine Realität

Die Psychologie des 20. Jahrhunderts, das Selbstverständnis und damit das Selbsterleben haben ein inneres Instrument zur Graduierung von Realität ausgebildet, das beispielsweise den denkenden Menschen des Mittelalters als unzureichend erschienen wäre. Man geht vielfach davon aus, dass der Intensitätsgrad eines Erlebens über die eigene Wirklichkeit, die Realität der Situation oder des erlebten Gegenstandes aussagefähig ist. Dabei kann schon die Erinnerung beispielsweise an ein intensives Gefühl des Verliebtseins in der Jugend klären, dass die Intensität einer Empfindung nicht eine Realität bezeugt – es sei denn die des unmittelbaren Erlebens, das sich allerdings rapide ändern kann.

Folgenreich werden diese und ähnliche Beobachtungen beispielsweise für die Bewertung von psychiatrischen Symptomen. Die Massivität einer entsprechenden Erscheinungsform kann prognostisch täuschen; andererseits können «kleine» Lebensschwierigkeiten und seelische Probleme sich in ihren Wirkung und ihrer Heilbarkeit sehr viel schwieriger gestalten. Auf jeden Fall ist eine umfassende Urteilsbildung notwendig, um einen Symptomkomplex wirklich einschätzen zu können. Das gilt auch für den «normalen» Alltag der seelischen Existenz. Sie ist in ihrer Erlebnisdimension immer weniger auskunftsfähig und braucht gleichsam die Begleitung durch das Ich, das urteilsfähig ist bzw. sich urteilsfähig macht. Wobei damit keine Beurteilung, keine Rationalisierung oder Systematisierung der Erlebnisebene gemeint ist, sondern eine ruhige, freundschaftliche Ich-Aktivität als eine Art Parallelprozess zum seelischen Geschehen. So kann sich im Bereich des Ich allmählich eine neue, allerdings stillere und oft nur leise wahrnehmbare Empfindungsqualität zeigen. Diese Erlebnisebene des Ich wird nach und nach die anderen Erlebnisse, die sich seelisch intensiver darstellen, positiv beeinflussen. Es entsteht eine Art wechselseitiger Resonanz zwischen dem mitgebrachten seelischen Erleben und der Aufmerksamkeit des Ich, das in sich selbst allmählich Empfindungsqualität ausbilden kann.

Frühere Epochen hatten ein feines Gespür dafür, dass alle Erlebnis- und Empfindungsintensitäten des Menschen zunächst in den Bereich der Ich-Autonomie überführt werden müssen. Dies galt als Aufgabe von Erziehung und Bildung, war das eigentliche Ideal der erwachsenen Lebensführung. Auch Erkenntnis meinte keine abstrakte Statuierung von wissenschaftlicher «Wahrheit», sondern zielte auf ein Leben und Erleben in der Bewusstheit von Ich-Autonomie. Damit war allerdings stets die Gefahr einer Überformung gegeben, und es blieb die Frage offen, wo die eigentliche Individualität nun anzutreffen sei: im unmittelbaren seelischen Erleben oder in derjenigen Ich-Kraft, die mit diesem Erleben umzugehen hat – allerdings oftmals in einer Manier, die selbst eher allgemeinen Prinzipien als individuellen Umgangsweisen entsprach. Dieses Problem ist bis in die Gegenwart hinein noch nicht gelöst. Heute wird spürbar, dass sich die Verhältnisse zwischen Seele und Ich gravierend geändert haben. Man bemerkt relativ leicht, dass intensive Erlebnisse sich zwar stark aufdrängen, aber oftmals wenig Individualität besitzen und sich fast als objektive Kräfte darstellen, die sich lediglich auf der Erlebnisfolie des eigenen Seelischen artikulieren und aktivieren. Andererseits steckt der wirkliche Individualisierungsprozess im Ich noch in den Anfängen. Hier droht der Verlust von Unmittelbarkeit und Intensität und es lauert die Gefahr von Abstraktheit und Überformung.

Andererseits kann sich der Eindruck bilden, dass das Entscheidende oftmals nicht oder noch nicht erlebbar ist. Die angedeutete Empfindungsdimension des Ich müsste weiterentwickelt werden, um solche Bereiche des Erlebens überhaupt zu bemerken und angemessen zu gewichten. Vielleicht sind bestimmte Erlebnisbereiche des Ich noch gar nicht entdeckt, vielleicht würden sich viele seelische Probleme von selbst erledigen, wenn sich das Ich diesen neuen empfindenden Aktivitätsbereich erschließen könnte. Das würde allerdings bedeuten, dass eine neue seelische Situation darin besteht, dass Erlebens- und Lebensprobleme nicht durch sich selbst und ihre Ursachen, sondern nur durch eine begleitende Ich-Aktivität überwunden werden können. Das Seelenleben würde sich wie von selbst ordnen, wenn eine parallele Ich-Prozessualität entstehen könnte. Die sich selbst und die Welt erlebende Seele wartet gleichsam darauf, aus dem Ich eine gefühlsqualifizierende Kraft zu erhalten. Bliebe die Betrachtung und auch der Therapieansatz in dem gegebenen Seelischen stehen, so könnte es keine Lösungen geben. *Nicht die Vergangenheit als seelische Verursachung, sondern eine Zukunft der Ich-Entwicklung bestimmt zunehmend Selbstgefühl und Weltbezug.* Damit ist der Mensch im Verhältnis zwischen Seele und Ich-Entwicklung in ein neues und noch ungewohntes Stadium seiner Erdenexistenz eingetreten. Die Dimension diese Schrittes wird deutlich, wenn man sich vor Augen hält, dass diese Erwägungen nicht nur für die seelisch-biographische Vergangenheit, sondern auch für das karmische Herkommen der Seele gelten. Die Entwicklung aus der Vergangenheit ist an einen Punkt gekommen, von dem an die Seele auf *zukünftige* Ich-Aktivität hoffen muss, weil nur auf diese Weise sich ihre Existenzsituation ordnen, klären, verändern kann.

Wirkungen werden zu Ursachen

Ein entscheidendes Kennzeichen der neueren Menschheitsentwicklung seit dem Ende des 19. Jahrhunderts, von Rudolf Steiner als Michael-Zeitalter bezeichnet, besteht darin, dass immer weniger die *Ursachen* von Ereignissen und Taten von Bedeutung sind, sondern zunehmend ihre *Wirkungen*. Das gilt auch für Seelenzustände, Intentionen, Gedanken. Für eine Psychologie der Gegenwart und Zukunft ist wichtig zu berücksichtigen, dass diese Entwicklungstendenz schon heute im Seelischen stimmungsbildend geworden ist – ohne allerdings wirklich ins Bewusstsein zu treten. Und gerade darin besteht eine entscheidende seelische Tendenz der Gegenwart: dass die Existenzbedingungen der Seele sich zur Zukunft hin verändern, dass in der Tat die Zukunft, weniger die Vergangenheit ursächlich wirkt. Noch immer wird psychologisch und therapeutisch, aber auch bei der Ursachensuche leiblicher Erkrankungen und sozialer Probleme fast ausschließlich danach gefragt, was in der Vergangenheit auslösend hat wirken können. Die Ursache in der Zukunft zu sehen, fällt ungeheuer schwer, unter anderem auch deshalb, weil für die Zukunft zunächst gar keine Bewusstseinsform ausgebildet werden kann. Im Bewusstsein ist lediglich das anzutreffen, was war oder ist, nicht aber dasjenige, was sein wird.

So erscheinen neue Formen der Bewusstseinsbildung notwendig. Die Selbsterkenntnis, aber auch das Selbstgefühl haben veränderte Bedingungen, und damit ist die Ich-Identität, die sich bisher doch stark aus dem seelischen Selbstgefühl speiste, zunächst in Frage gestellt. Das Lebensgefühl, aus dem Seelischen und aus der spezifischen Lebensgeschichte dieser seelischen Entwicklung individualisiert, war im Selbstgefühl einfach selbstverständlicher Träger des Ich. Nun hängen Identität und Individualität immer weniger von der mitgebrachten Lebensgeschichte ab, sondern zunehmend von demjenigen, was ich heute veranlagen kann und was in der Zukunft seine Wirkung entfalten wird. Das gilt nicht nur für Intention und Handlungen, sondern auch für Gedanken und Gefühle: Hier wirkt bereits eine hintergründige *Kraft* aus der Zukunft, die nicht leicht ins Bewusstsein gehoben werden kann. Werden nun Ursachen weiter in der Vergangenheit und in bereits Erlebtem (auch karmisch Vergangenem) gesucht, so müssen sich bestimmte Probleme als nicht lösbar erweisen, und es kann eine seelische Verwirrung bis hin zu neurotischen oder psychotischen Erlebnissen eintreten, weil die Wirkungszusammenhänge nicht durchschaut und damit auch nicht erlebt werden können.

Wie werden zukünftige Wirkungen, die bereits heute ursächlich sind, bewusstseinsfähig? *Wie kann eine innere Ori-*

entierung, wie kann aus Selbsterkenntnis folgend allmählich ein Selbstgefühl entstehen, das zukunftsbezogen ist – obwohl selbstverständlich Wirkungen aus der Vergangenheit virulent bleiben? Es ist damit die Frage nach dem Bewusstsein für einen noch nicht sichtbaren, weil *noch* nicht in der Ist-Welt existenten Bereich angesprochen; für einen Bereich übrigens, der gerade weil er noch nicht gegeben ist, auch kaum Gegenstand für äußere oder innere Manipulation werden kann. – Bewusstseinsfähigkeit kann für die Lebensebene der Zukunft entstehen, wenn die Zukunftswirkungen von Ereignissen, Taten, Gedanken etc. weiter beobachtet werden. Ich muss also einen Zusammenhang in die Zukunft hinein in meinem Bewusstsein herstellen, indem ich innerlich mit dem verbunden bleibe, was jetzt geschieht. Dieses Bewusstsein ist eine Willensfrage, hängt von der Kraft der Intention ab, in Zukunft immer wieder an dasjenige anzuschließen, was jetzt Gegenwart ist – mich darauf zu besinnen, es zu erinnern, in einem Denken von weiten Zusammenhängen zu überprüfen, wie es weitergewirkt hat und auch im Moment noch wirkt. Damit erschließt sich das Bewusstsein den Zukunftsraum, damit wird umgekehrt die Zukunft selbst bewusstseinsfähig, ohne dass spekulative, wunschbezogene oder horoskopähnliche Gedanken auf sie angewendet werden. Die Zukunft bleibt offen, ist nicht determiniert, aber ich bringe eine Beobachtungsgabe hervor, die die Gegenwart für die Zukunft öffnet, die den alten Bewusstseinsraum transzendiert. Dabei ist die Vermutung sicher nicht ganz unberechtigt, dass eine solche neue, willensgetragene Aufmerksamkeit von vornherein auch die Erlebnisdimension der eigenen Existenz verändern wird, selbstverständlich nicht drastisch und abrupt, sondern allmählich und in zunächst kaum merklichen Veränderungen.

Es lassen sich drei Regionen der Existenz in den Zukunftswirkungen unterscheiden: erstens die *Lebensebene* als der Bereich unmittelbarer Kraftwirksamkeit, die sich dem Bewusstsein entziehen kann; die *Erlebensebene* als inneres Gewahrwerden einer Veränderung in der Existenzsituation – Empfindungen, Stimmungen verändern sich; schließlich das *Denken* als Bereich der Selbsterkenntnis und des bewussten Weltbezugs, auch als Bereich des intentionalen menschlichen Miteinanders. Leben, Erleben und Denken bilden die Existenzsubstanz des Ich und vermitteln gemeinsam das Eigengefühl der Individualität; je höher der Kongruenzgrad der drei Bereiche wird, desto mehr festigt sich das Identitätsgefühl. Umgekehrt wird das Identitätsgefühl gefährdet, wenn beispielsweise sich die Lebensebene zu stark von der bewussten Denkebene trennt oder wenn ein Denken ausgebildet wird, das mit dem seelischen Erleben wenig vermittelt ist.

Auf der *Lebensebene* kann die Zukunftsbezogenheit des eigenen Seins schon schemenhaft spürbar werden. Es handelt sich dabei übrigens um eine Existenzform, die in der Kindheit unmittelbar gegeben ist. Kinder leben in einer Sphäre des Zukunftsbezugs. Sie haben den Eindruck, die Welt sei in die Zukunft hinein offen, obwohl sie selbst diese Existenzdimension nicht genauer fassen können. Erziehung und Umgang mit Kindern generell berücksichtigt meist intuitiv, dass die jetzige kindliche Existenzweise und der Umgang mit Kindern weitreichende Folgewirkungen in der biographischen Zukunft haben werden. Das Schicksalsgesetz, dass man mit den eigenen Wirkungen und damit mit den eigenen Handlungen, Gedanken und Gefühlen verbunden bleibt, ist an Kindern am ehesten anschaulich. Dass es jetzt auch für den Erwachsenen immer unmittelbarer lebensbestimmend wird, auch in die Bereiche von Erleben und bewusstem Denken hinein, wäre erst noch stringent nachzuvollziehen. Die weitreichenden menschenkundlichen und lebensbezogenen Konsequenzen sind erst noch zu erarbeiten.

Nun bedeutet der neuere Zukunftsbezug der Existenz allerdings nicht, dass jede Vergangenheitsbestimmung aufgehoben ist. Gerade auf der Lebensebene ist die doppelte Perspektive notwendig, die die Gegenwartssituation in ihrem Zukunfts- *und* Vergangenheitsbezug ernst nimmt. Selbstverständlich wirkt sich in der Biographie aus, was in der Vergangenheit erlebt und veranlagt wurde – in dieser Perspektive heißt Vergangenheit zurückzublicken auf dasjenige, was früher einmal die Zukunftsdimension des eigenen Seins war. Aber es macht einen großen Unterschied, wenn zugleich bis in Erleben und Bewusstsein hinein realisiert wird, dass eine solche Kraftwirksamkeit auch von jetzt an in die Zukunft hinein gegeben ist und dass *diese* Kraftwirksamkeit an Bedeutung gegenüber dem Vergangenheitsbezug gewinnt. Das würde letztlich bedeuten: die Bestimmung des eigenen Seins aus der biographischen (und karmischen) Vergangenheit liegt zwar vor, aber sie gewinnt erst von dem jetzt bewusst herzustellenden Zukunftsbezug ihre eigentliche Bedeutung. Die Lebensebene ist aus der Vergangenheit bestimmt, und zwar in allen untergründigen biographischen, leiblichen und seelischen Prozessen; aber diese Prozesse warten gleichsam auf die Qualifikation durch den Zukunftsbezug, den das bewusste Ich jetzt herstellen kann. Das Ich wird nicht zukunftsbezogen tätig, indem es Prognosen über die Zukunft aufstellt, sondern indem es in dem beschriebenen Sinne die Wirkungen des eigenen Tuns, Lassens und Erlebens beobachten lernt.

Für die *Erlebensebene* gilt, dass eine Verdunkelung des Lebensgefühls und ein Nachlassen der Lebensstimulation eintreten kann, wenn in der Selbst- und Weltwahrnehmung die Beziehung von Vergangenheit und Gegenwart, nicht aber von Gegenwart und Zukunft erlebt wird. Dies betrifft die Lebensstimmung im inneren Selbstbezug, aber auch im Verhältnis zur Welt; denn es gibt eine gefühlsbildende Fundamentalkraft der Individualität, die heute aus dem Zukunftsbezug lebt. Die Beziehung zur Außenwelt wird von dieser fundamentalen Kraft begründet: die Außenwelt tritt mir als Empfindung in Gefühl und in der Sinneswahrnehmung entgegen. Aber auch die Beziehung zum eigenen Inneren geht von dieser Kraft aus: sie führt die grundlegende individuelle Existenzempfindung ins Erleben. Bin ich nun nur darauf eingestellt, den Gegenwarts- und Vergangenheitsaspekt dieser Kraft zu empfinden, so reduziere ich die eigene Individualität, um ihre neue Existenzdimension. Und diese Reduktion wird gravierende Auswirkungen auf das Selbst- und Welterleben ausüben.

Auf diese Weise entfaltet eine potentielle Zukunft bereits jetzt *Gegenwartswirkung*. Für das seelische Erleben ist wichtig, dass diese Wirkungen, da sie auf der Lebensebene real sind, sich im seelischen Erleben niederschlagen – aber dort nicht bemerkt werden, wenn kein Bewusstsein für diese neue Lebensrealität besteht. Werden sie jedoch nicht bewusst, so können sie eine problematische Sekundärwirkung entfalten, die das seelische Selbsterleben und die Beziehung zur Umgebung stören kann. Diese Wirkungen sind peripher, weil sie aus der Zukunftsumgebung kommen, und zwar aus der Umgebungswirkung dessen, was ich jetzt bin, denke oder tue. Zentral werden diese peripherischen Wirkungen dadurch, dass sie jetzt im Selbstgefühl auftreten. Dieser Zusammenhang ist zugegebenermaßen nicht unmittelbar zu erleben, er kann sich aber erschließen, wenn die Aufmerksamkeit in die hier angedeutete Richtung gelenkt und damit eine gewisse Bewusstseinsebene für die neue Existenzform des Ich geschaffen wird. Es liegt auf der Hand, dass sich damit die Verhältnisse von Individualität und Umgebung, Ich und Welt verändert haben. Zumindest kann konstatiert werden, dass sich die Zusammenhänglichkeit zwischen innen und außen bis in das Selbsterleben hinein stärker konzentriert hat, indem meine Wirkung auf die Umgebung aus der Zukunft auf mich jetzt zurückstrahlt und in mir mein Existenzgefühl hervorbringt. Kann ich für diesen Zusammenhang einen gewissen Bewusstheitsgrad ausbilden, so wird auch das zentrale Selbstgefühl sich aufhellen, zumindest eine positive Veränderung erfahren, eben weil es damit einen gewissen erlebenden Anschluss an die Konstitutionsbedingungen der eigenen Individualität erhält.

Der Ich-Prozess wäre somit darin zu sehen, dass es gelingt, ein Bewusstsein der Bezogenheit auf die Zukunft und Rückwirkung auf die Gegenwart (bis zur Qualifizierung der Vergangenheit) herzustellen und damit eine neue seelische Erlebnisgrundlage zu bilden. Die davon ausgehende Verwandlung des zentralen Selbstgefühls ist nicht zu prognostizieren. Aber die seelische Existenzgrundlage ist darauf angewiesen, vom Ich her diese Erschließung der Zukunft zu erhalten. In gewisser Hinsicht kann somit das seelische Selbstgefühl nicht mehr als Grundlage der Ich-Wirklichkeit gesehen werden; vielmehr müsste die Aktivität des Ich-Bewusstseins, das in der angedeuteten Weise die zweite Hälfte des eigenen Existenzraums erschließ, als Grundlage des Seelenprozesses angesehen werden. Vielleicht ist damit eine menschheitsgeschichtlich bisher nicht dagewesene Situation gegeben: das Ich selbst wird zur seelischen Existenzgrundlage durch einen Bewusstseinsvorgang, der die veränderten Existenzbedingungen bewusst macht. Damit wären aber auch die Beziehungen zwischen dem bewussten Ich-Prozess und dem seelischen Erleben im Selbstgefühl und der Lebensstimmung neu zu betrachten. *Während das seelische Selbstgefühl bislang eine mehr oder weniger tragfähige Grundlage des Ich-Prozesses bieten konnte, muss nun die Ich-Tätigkeit selbst gleichsam seelenschaffend werden.* Mit anderen Worten: Während das seelische Gefühl bisher bewusst werden konnte und daraus ein gewisser Selbsterkenntnisprozess möglich wurde, gehen nun die Begriffe des Ich-Bewusstseins voran und schaffen die Grundlage für ein seelisches Erleben – und genau dadurch klärt sich der Seelenprozess auf, und das neue Selbstverständnis kann heilend wirken. Allerdings nicht aus der abstrakten Bewusstheit heraus, sondern aus einer Begriffsbildung über die neue Existenzsituation, in die das Ich so stark involviert ist, dass aus ihr eine neue Empfindungsqualität und die mitgebrachten seelischen Gefühle positiv beeinflusst werden.

Für das *Denken* gilt, dass es durch die neue Orientierung seine Abstraktheit und den seelenzerstörenden Intellektualismus überwinden kann. Es selbst wird dunkel, sofern es in der Vergangenheitsverhaftung verbleibt; es entfernt sich von Empfindung und Lebensgestaltung, wird zur puren Definition und Deskription, also lebensfern, wenn es nicht die seelen- und lebensschaffende Kraft des Zukunftsbezuges in sich integrieren kann. Nun besteht allerdings die schon angesprochene Schwierigkeit, Wirksamkeiten in das Denken aufzunehmen, die sich in der Zukunft entfalten werden. Da ist die Gefahr groß, abstrakte Hypothesen aufzustellen, wie sich etwas entwickeln wird, und es besteht darüber hinaus die Gefahr, die Zukunft dem Freiheitsbereich zu entziehen, d.h. festlegen zu wollen, was die Zukunft bringt. Außerdem könnte ein gewisser Fatalismus entstehen, der das Gegenwärtige nur am Zukünftigen bemessen will und die Gegenwart aus der Zukunft determiniert sieht. Dabei wird, ähnlich wie im Horoskop-Denken, die Zukunft eher wie eine Vergangenheit betrachtet, die, weil sie nun einmal gegeben ist, das eigene Leben bestimmt. Zukunft zeichnet sich aber durch Offenheit aus, zeichnet sich dadurch aus, dass im Unterschied zum aus der Vergangenheit Gegebenen Freiheit wirken kann. Zukunft entsteht in menschlicher Weise erst daraus, dass das menschliche Ich mit den Wirkungen, die aus seiner jetzigen Existenz hervorgehen, verbunden bleibt – aber nicht daraus, dass dieses Ich wie gebannt auf sich fast automatisch vollziehende Zukunftswirkungen starrt. Man könnte sogar davon ausgehen, dass die lebens- und seelengestaltenden Kräfte, die aus der Zukunft wirken, dadurch bestimmt werden, dass die *Bewusstseinskraft* des Ich sich auf sie richtet. Auch hier wäre also das Denken nicht allein registrierend oder beschreibend, sondern es wäre prägend und qualifizierend. *Das Denken stellt nicht Wirklichkeiten fest, sondern es schafft Realitäten, indem es sich im «Dranbleiben» an den Konsequenzen des eigenen Seins in die Welt einbringt, sich mit der Welt verbindet.* Dieser Vorgang könnte als der neue Ich-Prozess gelten, der individualitäts- und identitätsschaffend wirkt.

Aus der bisherigen Schilderung wird vielleicht spürbar, dass Denken und Bewusstseinsbildung nur durch die Verbindung mit dem *Willen* zukunftsfähig werden können. Der Begriff «Wille» meint damit nicht bestimmte Absichten oder formulierbare Ziele, sondern die Intention, einen Bewusstseinsprozess in Gang zu bringen, der nicht durch die Tatsachen der Vergangenheit und Gegenwart gewährleistet wird. Bewusstseinsinhalte werden normalerweise durch das Gegebene geliefert; was das Denken hinzufügt, sind vielleicht Kausalitätsverknüpfungen, Systematisierungen, Generalisierungen von Erfahrungen und Eindrücken. Der Wille, der hier gemeint ist, äußert sich vor allem in der Intention, das Bewusstsein auch dorthin zu lenken, wo es noch gar keinen Gegenstand hat – denn die Zukunft ist zunächst nicht inhaltlich zu fassen, also gleichsam gegenstandsfrei und inhaltslos. Damit richtet sich das willensgestützte Denken nicht auf bestimmte Gegebenheiten und Inhalte, sondern es besteht in der Aufmerksamkeit und Beobachtungsgabe, die in der Lage ist, Verknüpfungen des Gegebenen mit Zukünftigem und, wenn diese Zukunft erreicht ist, des dann Gegebenen und inhaltlich Fassbaren mit seinen Ursachen in der Vergangenheit zu bemerken. Außerdem wird sich dieses willensgestützte Denken darin zeigen, dass eine gewisse Urteilsfähigkeit entsteht darüber, wie Verhaltensweisen, Gefühle, Gedanken sich in die Zukunft hinein entfalten werden.

Dieses Denken benötigt nicht mehr das Gegebene als ein Gerüst, an dem es sich entfalten kann. Wenn die Willenserfahrung in das Denken eintritt, wird es zukunftsfähig, auch dann, wenn die Zukunft nicht als Abbild, nicht als klarer Begriff, sondern nur in der Aufmerksamkeitshaltung auftritt. Eine solche Aufmerksamkeit hat frappierende Auswirkungen auf das Selbstgefühl. Das Ich wirkt auf diese Weise so weit schaffend im Selbstgefühl, dass eine spürbare Lebensveränderung im Selbstbezug eintreten kann. Von der geisteswissenschaftlichen Begriffsbildung ausgehend könnte hier die Frage gestellt werden, ob nicht das *Geistselbst*, das als ein gewisser Entwicklungseffekt geistiger Schulung angesehen wird, in dem neuen Zukunftsaspekt der eigenen Existenz eine Art Vorläufercharakteristik erhält. Geistselbst ist dann nicht nur Ergebnis einer geistigen Haltung und Übung, sondern es geht der eigenen geistigen Aktivität, aber auch der inneren seelischen Ausgestaltung als eine gewisse geistige Offenheit voran. Damit wäre es nicht nur Effekt des eigenen Geisteslebens und der seelischen Verwandlung, die aus der geistigen Tätigkeit hervorgeht, sondern Voraussetzung eines neuen seelischen Prozesses. Man könnte die Vermutung anstellen, dass die Geistselbst-Beziehung des Ich nicht nur in dessen geistiger Tätigkeit, sondern auch in seinem Zukunftsbezug aufzufinden ist. Mit anderen Worten: *Das Ich begegnet sich selbst in seiner geistigen Dimension dort, wo es ihm gelingt, in einem lebendigen, seelen- und lebensschaffenden Denken die Wirkungs- und damit Zukunftsdimension mit einzubeziehen.* Das Geistselbst als Zukunft des Ich würde damit real und könnte als konstituierender Faktor *gegenwärtiger* Ich-Existenz zur Geltung kommen.

Ich oder Welt – das Ich unmittelbar in der Welt

Hegel hat von diesen Zusammenhängen offenbar etwas geahnt. In dem (bereits erwähnten) psychologischen Teil seiner «Enzyklopädie» spricht er davon, dass der Mensch als geistige Individualität im *Selbstgefühl* erwacht, und zwar zu einer Urteilsfähigkeit, die sich in den einzelnen Gefühlen äußert.[7] Im Zusammenhang mit dem Selbstgefühl ist die geistige Individualität des Menschen Subjekt aller einzelnen Ge-

7 Vgl. dazu oben in Kapitel II den Abschnitt «Selbstgefühl» (S. 21 f.).

fühle und setzt sie «als *seine* Gefühle *in sich*».[8] Aufschlussreich sind auch die unmittelbar folgenden Andeutungen Hegels zur Beziehung von Selbstgefühl und Einzelgefühlen: das Selbstgefühl schließt die einzelnen Gefühle zu einer Einheit zusammen; so wird aus der Besonderheit der einzelnen Gefühle die Gesamtheit oder Identität des Selbstgefühls. Andererseits existiert das Selbstgefühl nur in der Differenzierung der Einzelgefühle. Hinzuzufügen wäre: das Selbstgefühl entsteht demnach aus den differenzierten Empfindungen, die die menschliche Individualität sich selbst und der Welt gegenüber entwickelt.

Es ist unmittelbar einleuchtend, dass Hegel mit der geistigen Individualität des Menschen, die die Gefühle selbst hervorbringt und damit im Hinblick auf sich selbst und die Welt urteilsfähig wird, nicht die unmittelbar bewusste Ich-Tätigkeit meinen kann. Denn das Ich, das sich zunächst unmittelbar seelisch erlebt, sieht ja gerade Gefühl und Empfindung als gegeben und nicht als selbst hervorgebracht an. Noch weiter entfernt für das sich unmittelbar selbst erlebende Ich liegt die Anerkennung, dass sich in Gefühl und Empfindung eine eigene und tätige Urteilsfähigkeit äußert. Also kann Hegel nur von demjenigen Ich gesprochen haben, das im Hintergrund der seelischen Gefühlsbildung arbeitet und seine Tätigkeit gerade in der gegebenen Empfindung verbirgt. Dieses Ich, wenn es denn wirklich «zum Urteil in sich erwacht»[9] und Bewusstsein in die Tätigkeit hineinbringt, mit der es die Gefühle setzt, hat Geistselbst-Charakteristik.

Aus heute möglicher Sicht geisteswissenschaftlicher Psychologie wäre hinzuzufügen, dass das Ich für diese gefühls- und

8 G.W.F. Hegel: Enzyklopädie der philosophischen Wissenschaften, § 407. Hervorhebungen im Original.

9 A.a.O.

seelenschaffende Tätigkeit erwachen kann, wenn es folgendes bemerkt: *Das Ich berührt die gefühlsschaffende Sphäre mit dem Bewusstsein, sobald es sich für die Wirkungen seiner selbst in die Zukunft hinein zu sensibilisieren beginnt.* Damit tritt eine Geistselbst-Tätigkeit in das Bewusstsein ein. Diese wirkt, in dem oben angedeuteten Sinne, nicht nur in der Verwandlung mitgebrachter Gefühle, sondern darüber hinaus auch im unmittelbaren Schaffen innerhalb der Gefühlssphäre. Da die Gefühlssphäre alle Empfindungen umfasst, also auch diejenigen, die mit der Sinneswahrnehmung einhergehen, betreffen die Urteile, die das Ich als geistiges Subjekt im Gefühl in sich selbst setzt, nicht nur sich selbst, sondern auch die Welt.

Wenn aber das geistige Ich in Gefühlsbildung und empfindender Wahrnehmung als urteilsbildende Kraft sich selbst und der Welt gegenüber *tätig* ist, dann befindet es sich nicht nur als Beobachter in der Welt und einer Wirklichkeit gegenüber, sondern es existiert in Welt und Wirklichkeit unmittelbar. Mit einer solchen menschenkundlichen Perspektive auf die Individualität ist zweierlei erreicht: das menschliche Ich wird nicht mehr von der Welt isoliert, und es ist nicht gezwungen, ein Weltgeschehen, das sich außermenschlich abspielt, einfach hinzunehmen. Eine Theorie der Empfindung und der Wahrnehmung und das daraus hervorgehende Selbsterleben, die den Menschen nur als Beobachter des Geschehens ansieht, trennt demgegenüber Subjekt und Objekt. Die Wirklichkeit, rein außermenschlich, wird «objektiv», ihr Erleben und Bewusstsein im Menschen dagegen rein «subjektiv», aber nicht wirklich. So trennen sich Realität und Mensch, das Ich bleibt «draußen». Nach dem Modell der Videokamera oder anderer technischer Sensorien wandelt das Ich als seelisch subjektives Wesen durch eine Welt, die auch ohne es vorhanden wäre und von der es bestenfalls Abbilder wahrnimmt. Was aber diese Abbilder mit der Wirklichkeit zu tun haben, bleibt außerhalb der Beurteilung.

Geht man dagegen davon aus, dass Empfindung und Gefühlsbildung den Menschen in die Welt hineinstellen, dass er dadurch zum wirklichen Weltenfaktor wird, während umgekehrt die Welt nicht etwas einfach Gegebenes, sondern davon abhängig ist, *wie* der Mensch in ihr agiert, so verbindet man Wirklichkeit und menschliches Ich. Eine solche Auffassung hat frappierende Auswirkungen auf das Selbstgefühl und Weltverständnis: *das Ich fühlt sich nicht mehr einer Welt gegenüber oder ausgesetzt, sondern als bestimmende Kraft in derselben, und die Wirklichkeit erscheint als Ergebnis des menschlichen Weltinteresses,* nicht als eine außermenschliche «Objektivität». Die entscheidende Fragestellung einer solchen Grundhaltung lautet: Wie kann ein ernsthaftes Weltinteresse (einschließlich des Interesses am anderen Menschen) entstehen, das nicht nur verdecktes Selbstinteresse oder illusionäre Erlebnissehnsucht ist? Als erster Ansatz einer Antwort kann gelten: Voraussetzung für eine solche neue Beziehung zu Welt und Wirklichkeit ist ein Selbstverständnis, das den Menschen nicht nur als Rezipienten von Gefühlen und äußeren Realitäten in Empfindung und Wahrnehmung erscheinen lässt, sondern die dahinterstehende Ich-Tätigkeit der geistigen Individualität bemerkt. Für eine Welt, an der ich nicht beteiligt bin, kann ich mich nicht wirklich interessieren. Und ein Ich, das sich seelisch nur außerhalb der Welt fühlt, das sich gleichsam in seine Subjektivität einschließen muss, kann an Welt und Wirklichkeit nur ein Erlebnisinteresse haben. Damit aber macht es seine Innerlichkeit noch «subjektiver» und steigert die ihm begegnende Wirklichkeit in eine immer dichtere «Objektivität», also Außermenschlichkeit hinein. Dies gilt schließlich auch vom anderen Menschen, insofern er mir in einer solchen Grundhaltung auch nur als Realität außerhalb meiner selbst begegnet.

Autonomie nicht als Theorie, sondern als Leben

Befasst man sich mit dem Thema Individualität und Identität, so steht man vor dem Problem, dass sich niemand mehr für eine Theorie der Individualität interessiert; dass vielmehr nur die gelebte und erlebte Individualität und Identität gesucht wird – mit einem gewissen Recht nach den Enttäuschungen, die sich aus verschiedenen Theorien des menschlichen Ich im Laufe des 20. Jahrhunderts ergeben haben. Zudem zeigt sich in einem solchen Bedürfnis eine innere Not: konnte in früheren Zeiten noch psychologisch und philosophisch über Ich und Identität nachgedacht werden, weil sie im Lebensgefühl gegeben waren, so besteht heute die Existenznotwendigkeit, einen Ich-Prozess aufzubauen, um sich selbst darin erleben und leben zu können. Ein solcher innerer Aufbau scheint immer mehr die Voraussetzung für seelische und auch leibliche Gesundheit zu werden. Der Seelenprozess und auch leibliche Vorgänge sind offenbar darauf angewiesen, bestimmte Kraft- und Funktionsimpulse aus der Ich-Tätigkeit zu erhalten. Aber man muss wohl davon ausgehen, dass der Zugang zu einem autonom hervorzubringenden Ich-Prozess nur durch Begriffe der Individualität, des Geistes und der

Identität möglich ist. Die erlebte Individualität setzt voraus, dass ich mich selbst als Ich-Wesen denken, d.h. verstehen und begreifen lerne. Eine Aufgabe geisteswissenschaftlicher Ich-Psychologie könnte darin bestehen, auf diese Notwendigkeit hinzuweisen und damit zu verdeutlichen, dass Individualität nur erlebt und gespürt werden kann, wenn ich mir zuvor die entsprechenden Erlebnisräume durch eine geistige Sensibilisierung aufgeschlossen habe; dass die Spielräume und Grenzen der eigenen Identität dann fühlbar werden, wenn ich ihre Möglichkeiten nicht nur an dem bisher seelisch und biographisch Erfahrenen bemesse.

In der menschheitlichen Vergangenheit war der Leib bisher weitgehend selbstverständlicher Träger der Individualität. Jeder Mensch ist ein körperliches Individuum, nicht nur im physiognomischen Ausdruck. Die Möglichkeiten der Genforschung und der aus ihr hervorgehenden Technik, aber auch die erweiterten Fähigkeiten der Medizin, beispielsweise im Bereich der Organtransplantation, scheinen darauf hinzuweisen, dass der menschliche Leib zum nichtindividuellen Gattungskörper werden könnte. Auch der menschliche Geist ist nicht mehr leicht individuell zu fassen, wenn die Wahrheit objektivistisch als unabhängig von einzelmenschlicher Erkenntnis verstanden wird. Die «objektive», übertragbare Wahrheit führt auf eine geistige Allgemeinheit, an der das Individuum bestenfalls partizipieren, sie aber nicht als geistiges Erlebnisfeld eigener Individualität empfinden kann. Dass Leib und Geist nicht mehr im alten Sinne individuell erlebnisprägend wirken, davon zeugen in der Gegenwart die zunehmenden Verunsicherungen im Ich. Zwar erlebt das Individuum noch etwas am eigenen Leib, aber nicht mehr unbedingt sich selbst; zwar werden auch vom geistigen Klima der Kultur Erlebnisse des Menschen geprägt (beispielsweise am Computer), aber auch hier kann das Ich immer weniger sich selbst finden.

Im Selbstgefühl erlebt sich das Ich seelisch selbst. Die Seele kann als ein Resonanzgeschehen zwischen Leib und Geist betrachtet werden. Sie ist zwar nicht die Substanz, wohl aber die *Erlebnisform des Individuellen*. Wie stark das seelische Selbsterleben *leiblich* bestimmt ist, davon haben verschiedene Wissenschaftszweige im 20. Jahrhundert immer deutlicher Zeugnis abgelegt. Psychologie, Physiologie und andere Humanwissenschaften haben gezeigt, wie sehr beispielsweise Träume durch leibliche Sensationen entstehen; auch das Tageserleben der Seele steht und fällt mit den Zuständen des Leibes. Dass fehlende seelisch-*geistige* Erfahrungen das Seelenleben und zwischenmenschliche Beziehungen verarmen und erkranken lassen, zeigt sich demgegenüber beispielsweise an Erlebnisformen von Kindern, die wirkliche zwischenmenschliche Verhaltensweisen nach den Erfahrungen bemessen, die sie am Bildschirm mit Figuren aus Computerspielen und filmischen Darstellungen gemacht haben.

Die aristotelische Seelenlehre der Antike und, darauf aufbauend, des christlichen Mittelalters, weitgehend Grundlage der späteren Psychologie, wollte zeigen, wie sich der Geist in der irdisch-leiblichen Existenz individualisiert und in der Seele als individuelles Wesen auch erlebt. Man war der Überzeugung, dass mit dem menschlichen Ich ein unvergängliches geistiges Wesen in eine irdische Existenz eintritt, um bestimmte Entwicklungsschritte vollziehen zu können, dass aber durch die leiblich-seelische Existenz des menschlichen Ich nicht die Unsterblichkeit verloren geht, die es als Geistwesen besitzt. Das zentrale Problem lautete, wie ein unsterbliches Wesen in die Sphäre seelischer Vergänglichkeit und leiblicher Sterblichkeit eingehen kann, sich in diesem Bereich entwickelt, um anschließend die irdischen Erfahrungen mit der eigenen geistigen Existenz verbinden zu können. Dieser Entwicklungsvorgang wurde als eigentliche Substanzbildung des Ich aufgefasst.

Die neuere Psychologie konnte an diese Überlieferung des Ich-Verständnisses nicht mehr recht anknüpfen, und die Auffassung geistiger Ich-Substanz hat sich auf das seelische Selbsterleben und letztlich auf die leiblichen Implikationen des eigenen Seelenseins konzentriert. Dies gilt für die Psychologie, Psychiatrie, Psychotherapie, Medizin und insgesamt die Anthropologie seit dem 19. Jahrhundert – und diese Konzentration auf die Seele und ihren Zusammenhang mit dem Leib war wissenschaftlich und für die menschliche Entwicklung notwendig; sie barg und birgt allerdings die Gefahr in sich, dass eine einseitige Sicht entsteht, die nur die leiblich-irdische Existenz der Seele berücksichtigt und ihre geistigen Bezüge allenfalls der subjektiven, nicht weiter wahrheitsfähigen Überzeugung anheim stellt. Daraus konnte die Gefahr entstehen, dass das Ich sich in seinem geistigen Herkommen und in seiner nachtodlichen Wirklichkeit selbst nicht mehr begreift und in der Folge bis in das irdische Selbstgefühl hinein verunsichert wird. Es wäre für die psychologische Forschung interessant zu überprüfen, welche Zusammenhänge im einzelnen zwischen dem menschenkundlich-wissenschaftlichen Verzicht auf die geistige Existenzdimension der Seele und der Gefährdung des Lebensgefühls im Ich bestehen.

Die differenzierte Betrachtung der Individualität nach Leib, Seele und Geist im Anschluss an die Jahrtausende alte aristotelische Tradition wäre heute wieder sinnvoll, damit sich die theoretische und erlebte Ich-Dissoziation nicht fortsetzt. Eine solche Anknüpfung, aber auch die Neukonstitution eines Ich-Begriffs nach Leib, Seele und Geist ist ungeheuer schwierig;

jedoch erscheint sie notwendig, da sie, so geistig «freischwebend» sie auch zunächst erscheinen mag, zur Grundlage für ein sich stabilisierendes Selbstgefühl und damit zum Ausgangspunkt einer neuen Welt- und Wirklichkeitsbeziehung werden kann. Das sollte in diesen Ausführungen zumindest anklingen und auf diese Weise ein erster Eindruck von einer neuen Form der Individualität angeregt werden. Die Wirkungen eines solchen geistig aktiv aufbauenden Selbstverständnisses, das die Lage des Ich heute zu fordern scheint, sind nicht absehbar. Auf jeden Fall wäre die Ausbildung von Individualität aufgrund eines neuen Ich-Begriffs ein nachdrücklicher, aber autonomer «Eingriff» in die Wirklichkeit von Seele und Leib. Man könnte fast den Eindruck gewinnen, dass andere, äußere Eingriffe und Zugriffe auf Seele und Leib drohen, wenn der individuelle Selbst-«Eingriff» nicht zumindest der Intention nach stattfindet.

Therapeutische Erfahrungen machen deutlich, dass ein seelischer, aber auch leiblicher Krankheitsverlauf nicht mehr prognostizierbar ist, wenn ein Mensch von ihm betroffen wird, der an der seelisch-geistigen Selbstaktivierung arbeitet; auch Krankheitsprozesse und Heilungsvorgänge unterliegen zur Zeit offenbar einer gewissen Individualisierung. Umgekehrt verlangt die Lebenssituation des Leibes und der Seele immer stärker nach psychologischen, medizinischen und sozialen Eingriffen von außen, weil Ich-Erleben und Identität nicht mehr durch die eigene Vergangenheit und mitgebrachte Ressourcen gesichert sind. Nur sind eben die externen Eingriffsnotwendigkeiten ihrerseits Zeichen davon, dass der innere Zugriff noch aussteht und immer dringlicher wird. Durch jeden Eingriff von außen werden Seele und Leib, wird auch die soziale Lebenssituation schließlich mehr von der Individualität getrennt. Es könnte eine innere und äußere Lage auftreten, die fraglich erscheinen lässt, ob innere und äußere Lebensbedingungen für die Weiterexistenz von Ich-Individualität und für deren Entwicklung überhaupt noch gegeben sind. Andererseits zeigen sich in dieser Gefahrensituation auch bisher ungeahnte Freiheitsmöglichkeiten von Ich-Autonomie bis in die Bereiche der Selbstkonstituierung seelischer und leiblicher Gesundheit hinein.

V. VOM THERAPEUTISCHEN WILLEN ZUR WIRKSAMEN KRAFT

Eine Gesundung der Seele vom Ich her bedeutet auch, dass Therapie und Autonomie keinen Gegensatz bilden – das sollte im vorangegangenen Kapitel deutlich werden. Das Ich kann sich der Verantwortung für die eigene seelische und leibliche Gesundheit bewusst werden und dabei bemerken, dass sich die Ursachen für Lebensprobleme und Erkrankungen immer mehr individualisieren. Das gilt entsprechend auch für Heilungsprozesse. Für die Therapie, aber auch für «Selbsttherapie» stellt sich die Frage, wie der Weg von allgemeingültigen Methoden zur Individualisierung gefunden werden kann, wie also, anders formuliert, die Verantwortlichkeit des Ich für die Gesundung praktisch eingelöst werden könnte. Damit besitzt das Ich zunehmend Verantwortung für die eigene (seelisch-leibliche) Lebenswirklichkeit; Verantwortung für eine Wirklichkeit aber ist eine echte Wahrheitsbeziehung. Wo ich für Wirklichkeit verantwortlich bin, befinde ich mich in einer Beziehung zur Wahrheit. Wahrheit meint dann nicht die abstrakte Beschreibung einer Wirklichkeit, sondern meine Verantwortung für die Wirklichkeit, zunächst für meine eigene Lebensrealität.

Aufmerksamkeit und Einfühlungsvermögen

Therapeutische Wirksamkeit hängt heute, d.h. unter den Bedingungen der Bewusstseinsseele, von meiner Beziehung zur Wahrheit ab. Dieses Verhältnis zur Wahrheit ist etwas anderes, als man sich gemeinhin vorstellt: es geht nicht um das Erkennen einer in irgendeiner Form gegebenen Wahrheit, nicht um das Erreichen eines zukünftigen Wahrheitszieles, nicht einmal um die Ausbildung bestimmter Erkenntnisfähigkeiten. Gemeint ist viel mehr ein unmittelbares individuelles *Stehen in der Wahrheit,* besser formuliert: ein aktuelles, situatives, persönliches sich Hineinstellen in die Wahrheit.

Darin lassen sich zwei Richtungen unterscheiden: einerseits die Wahrnehmung und das innere Aufnehmen dessen, was um mich herum gegeben ist, andererseits die innere Bezugnahme auf mich selbst in dem situativen mir Gegebensein. Es handelt sich dabei um ein Verhältnis, eine Intensivierung der Beziehung von Peripherie und Zentrum. Das Aufnehmen der Umgebung erfordert mein Interesse daran, meine Aufnahme*bereitschaft*, aber auch eine vertiefte Empfindungs- bzw. Erlebnisfähigkeit, ohne die zwar eine abstrakte Wahrnehmung, aber keine wirkliche Verbindung möglich ist. Auf der anderen Seite erfordert das umfassende bemerkende Erfühlen meiner Innensituation die Bereitschaft zu nüchterner innerer Empirie (Aufrichtigkeit) nicht nur in der Selbsterkenntnis, sondern in dem momentanen Selbstgewahrwerden. Kann ich unmittelbar zu mir selbst stehen, so wie ich bin? Nicht nur im Sinne einer allmählich sich vollziehenden Selbsterkenntnis, sondern durchaus auch in der Bereitschaft zum unmittelbaren Selbstgeständnis?

Es ist deutlich, dass es in der Ausrichtung nach innen wie

nach außen nicht um begriffliche oder numerische Vollständigkeit, sondern allein um einen *intensiven* persönlichen Wirklichkeitsbezug gehen kann: Wie befinde *ich* mich *jetzt* in der *Welt*? Eine solche Form der Präsenz und Geistesgegenwart kann selbstverständlich nicht unmittelbar entstehen; sie ergibt sich vielmehr unmittelbar und aktuell aus längeren biographischen Bemühungen, letztlich aus einer gewissen geistigen Selbstintensivierung, die auch stets bewirkt, dass die Weltwahrnehmung umfassender und intensiver wird. Je stärker eine solche Präsenz oder Geistesgegenwart sein kann, desto eher besteht die Möglichkeit zu einer Realisation des therapeutischen Willens. Das gilt in der Situation der Begegnung mit therapiesuchenden Menschen, aber auch in Momenten des inneren Umgangs mit bestimmten therapeutischen Fragestellungen.

Was stellt sich durch die geschilderte doppelte Ausrichtung der Ich-Kraft ein? Zunächst erhöht sich eine gewisse Wahrnehmungsfähigkeit für *Zusammenhänge*, insbesondere für ursächliche Beziehungen im inneren und äußeren Erleben von Menschen, auch von biographischen Zusammenhängen. Diese Wahrnehmungsfähigkeit ist verbunden mit einem vertieften Erleben oder Miterleben, das allerdings nicht mit Emotionalität oder Sentimentalität verwechselt werden darf, sondern in Richtung jener erkennenden Stimmung (oder fühlenden Erkenntnis) zu suchen ist, die Rudolf Steiner im Heilpädagogischen Kurs als «objektives Mitleid» charakterisiert:[10] eine umfassende Aufmerksamkeit und Empfindungsfähigkeit für menschliche «Lagen». Diese Fähigkeit ist in älteren geistigen Schulungsbeschreibungen als imaginative Kraft bezeichnet worden.

10 Rudolf Steiner: Vortrag vom 26.6.1924 (GA 317).

Zweitens kann es zu einer gewissen Sensibilisierung für *Begriffe* kommen. Damit ist nicht eine Begriffskenntnis oder innerlich diskursive Begriffsbildung gemeint, sondern eine Art geistiges Wahrnehmungssensorium für Begriffe, die durchaus (und ganz unspektakulär) wie inspiriert (im Sinne der älteren Terminologie) «da sein» können. Diese Begriffe sind schlicht, nicht einmal besonders intensiv erlebt, aber stets mit der Charakteristik des überraschenden, des nicht Ausgedachten, des nicht Persönlichen. Es können beispielsweise die Begriffe von bestimmten Substanzen auftreten, die dann als Heilmittel anzusehen wären – oder Begriffe von gleichsam substanzersetzender Maßnahmen oder Übungen, die ebenfalls therapeutische Kraft entfalten können. Wie real eine solche Begriffswahrnehmung ist, hängt nicht von ihrer augenblicklichen Intensität und Überzeugungskraft ab, sondern von derjenigen Kraft, mit der ich mich willensmäßig von der Bedeutung des entsprechenden Begriffs überzeugen und in meiner Handlungsausrichtung «dranbleiben» kann.

Schließlich kann durch die doppelt gerichtete Geistesgegenwart des Ich eine gewisse *Intuitionsfähigkeit* entstehen. Auch hier darf die Übernahme der Intuitions-Bezeichnung aus älteren Schulungszusammenhängen nicht dazu verleiten, besonders intensive oder spektakuläre Einsichten zu erwarten. Vielmehr wird gerade das Intuitive still bemerkt, ganz ruhig im Vergleich zum Erleben von Zusammenhängen und Ursachen, aber auch im Vergleich mit der Begriffsfähigkeit noch weniger aufdringlich oder überzeugend, gleichsam vollständig abhängig davon, wie ich mich damit verbinden kann. Gerade diese Intuitionsschicht ist schwer zu bemerken. Intuitionen hängen damit zusammen, dass ich selbst den Eindruck von Lebensveränderungen oder neuen Verhaltensweisen in mir realisiere – wohlgemerkt: auf mich selbst bezogen und mein eigenes Leben betreffend. Aber diese Lebensveränderung, dieser Willensimpuls steht im Zusammenhang mit der menschlich-therapeutischen Begegnung, um die es gerade geht (wenn auch vielleicht nicht in einem aktuellen Gespräch oder einer aktuellen Maßnahme).

Man sollte die drei Ebenen nicht künstlich gegeneinander differenzieren, denn sie sind nicht wirklich abzugrenzen, gehen ineinander über. Die Beschreibungen weisen vielmehr in bestimmte Richtungen, auf Ebenen, die sich vertikal wie horizontal überschneiden und durchdringen, trotzdem aber jeweils eine bestimmte Wahrnehmungs-, Erkenntnis- und Erlebniskontur zeigen. Auch treten sie nicht nacheinander auf, nicht in einer bestimmten Reihenfolge; aber es lässt sich feststellen, dass gerade der mittlere Bereich des Bemerkens von Begriffen für therapeutische Wirksamkeit große Bedeutung besitzt. In allen Fällen handelt es sich um die Verbindung von innerer und «äußerer» Kraft, d.h. eine innere Intensität kann auf unterschiedliche Weise als «äußere» therapeutische Kraft wirksam werden, wenn eine gewisse richtige Situierung, nüchterne Urteilsbildung und Willensverbindung möglich werden. Was dann zwischen den beteiligten Menschen passiert, ist schicksals-real, wenn auch vielleicht nicht besonders auffällig, intensiv oder spektakulär. Was sich hier vollzieht, ist durch und durch individuell, nicht als Maßnahme generalisierbar, nicht in den Bedingungen festzuhalten, in der Wirkung nicht prognostizierbar, in den Voraussetzungen nicht planbar. Aber ist es dadurch weniger objektiv?

Ich selbst bin verantwortlich

Die persönliche *Verantwortlichkeit,* die in der doppelten Ausrichtung des geistesgegenwärtigen Ich gegeben ist, in der merkwürdigen Spannung zwischen der Bereitschaft zur umfassenden Weltwahrnehmung und zum inneren Selbstgeständnis, bleibt auch im Anschluss an die jeweilige Situation erhalten. Ich kann die Verantwortung nicht delegieren, ich bin im Sinne von Selbsterkenntnis, innerer Empirie und Aufrichtigkeit auf das angewiesen, was mir *jetzt* als Erkenntnis- und Erlebnisrahmen zur Verfügung steht; ich bin angewiesen auf diejenigen Begriffe, die mir *jetzt* wahrnehmbar werden – ich kann also nicht von der inneren Haltung ausgehen, dass ich mehr wissen müsste, mehr Substanzen kennen, mehr Maßnahmen vollzogen, mehr Erfahrung haben müsste, um wirklich therapeutisch wirksam werden zu können. Das alles wäre Delegation von Verantwortlichkeit: an eine vermeintlich «kompetentere» Zukunft, an Fachleute, an meine geistige und therapeutische Entwicklung. Was aber wirksam ist, ist unmittelbar real, entspricht der Jetzt-Situation: es geht um die Geistesgegenwart in *diesem* Augenblick. Aber auch danach kann die Verantwortung nicht delegiert werden, weder an die gefundene Substanz, noch an eine bestimmte therapeutische Handlung – ich selbst bleibe verantwortlich. Die Substanz kann nur heilen, wenn ich ihre Wirkung weiter beobachte, wenn ich mit dem betreffenden Menschen verbunden bleibe, wenn ich die weitere Entwicklung beurteile, wenn ich immer neue Situationen von Geistesgegenwart gleichsam herantrage, damit das Notwendige geschehen kann.

Selbstverständlich darf eine solche Grundhaltung nicht mit Dilettantismus verwechselt werden; letztlich erhöht sie nämlich sogar die Kompetenz-Messlatte. Eine solche therapeutische Grundhaltung bezieht sich auf die Existenzbedingungen im Zeitalter der Bewusstseinsseele. Das bedeutet: das Ich kann eine gesunde Wirklichkeitsschicht erreichen, die vorhanden, aber verstellt ist – und die Verstellung der Wirklichkeit bewirkt Krankheit und verhindert Therapie. Diese Schicht kann aber nicht mit alten Mitteln, alten Begriffen, altem Denken gefunden werden, denn die Wirklichkeit im Zeitalter der Bewusstseinsseele unterscheidet sich signifikant von früheren Realitäten. So kann nicht mehr ein Begriff oder eine Theorie auf Wirklichkeit «angewendet» werden, sondern das menschliche Ich vermittelt zwischen Sein (Wirklichkeit) und Bewusstsein (Erkenntnis). Der Begriff ist nicht Beschreibung oder Ideal der Wirklichkeit, sondern ihr Schlüssel, d.h. durch den Begriff finde ich Zugang zur Wirklichkeit, und diese ist dabei nicht nur als Erkenntnis- und Bewusstseinsschicht, sondern als Lebensrealität und geistige Präsenz zugleich, sowohl physisch als auch spirituell zu denken. Ich selbst, so wie ich jetzt bin in meiner Geistesgegenwart, nicht nur in meinem Ideal (aber auch nicht, wenn ich hinter der mir *jetzt* möglichen Geistesgegenwart zurückbleibe), bin Instrument therapeutischen Wirkens; das Instrument ist nicht die Substanz, ist nicht die Maßnahme, ich selbst bin es: indem ich den Begriff als Schlüssel zu dieser Wirklichkeit anwende, sie mir im wahrsten Sinne des Wortes erschließe. Dabei helfen die Substanz oder die Maßnahme in der oben beschriebenen Weise.

Ähnliches gilt auch für das vertiefte Erleben von Zusammenhängen, also die ätherisch-imaginative Ebene, und für das intuitive Bemerken für die Notwendigkeit von Lebensveränderungen. Ich selbst nur kann mir diese Schichten in meiner situativen Aufmerksamkeit erschließen. Erlebnis,

Erkenntnis und Moralität realisieren sich *im Moment*, nicht als vorlaufende oder «nachlaufende» Stimmungen, nicht als Vorbereitungen, nicht als Ergebnisse. Insofern kann ich mich auch nicht an mich selbst in meiner Zukunft delegieren. Ein solcher realistischer Blick auf die Gegenwart führt zu einer gewissen Nüchternheit, auch gegenüber der eigenen geistigen Kompetenz und therapeutischen Fähigkeit. Aber die daraus entstehende Stimmung kann auch zu einer Art Sensorium werden für diejenige therapeutische Kraft, die mit ganz unspektakulärer, aber eben nicht nur vorgestellter Geistesgegenwart des Ich verbunden ist.

AUSBLICK: AUFWACHEN FÜR DEN LEBENSAUGENBLICK

Geistesgegenwart meint ein klareres Bewusstsein für den unmittelbaren Lebensaugenblick. Der Lebensaugenblick, der gegenwärtige Moment, ist nicht leicht zu fassen, weil er im nächsten Augenblick schon Vergangenheit geworden ist – dann ist derjenige Moment Gegenwart, der zuvor noch Zukunft war. Der Lebensaugenblick ist also in jedem Moment schon wieder vergangen, und so kann man leicht verstehen, dass das Bewusstsein sich eher auf die Vergangenheit, d.h. auf dasjenige richtet, woran man sich erinnern kann; oder das Bewusstsein ist auf die Zukunft bezogen, d.h. auf dasjenige, was ich anstrebe, was werden soll. Dazwischen entschwindet der Lebensaugenblick, dieser gleichsam «kleine» Punkt der Gegenwart, leicht aus dem Bewusstsein, sogar aus dem Erleben. Immer mehr Menschen kennen das Problem, sich mehr in der eigenen Vergangenheit als in der Gegenwart zu erleben; immer mehr Menschen geraten auf der anderen Seite in die Gefahr, der Gegenwart in die Zukunft hinein auszuweichen: solche Menschen beklagen dann regelrecht als seelisch problematische Symptomatik, dass sie sich eher in Träumen und Illusionen in der Zukunft als in der Gegenwart selbst erleben.

Für die Therapie können sich neue Ausblicke erschließen,

wenn man zu berücksichtigen beginnt, dass Ursachen für problematische Innensituationen nicht nur in der biographischen Vergangenheit liegen können; dass sie oftmals in der Gegenwart oder Zukunft aufzufinden wären, wenn ein entsprechendes Bewusstsein ausgebildet werden könnte. Beispielsweise können schwierige seelische Stimmungen entstehen, weil Menschenbegegnungen und Aufgabenstellungen in der unmittelbaren Gegenwart nicht genügend Aufmerksamkeit entgegengebracht wird; oder es kann sich in der Zukunft zeigen, dass meine eigene Lage problematisch wurde, damit ich für die Zukunft beispielsweise andere zwischenmenschliche Beziehungen aufbaue – dann haben diese neuen Begegnungen gleichsam aus der Zukunft ursächlich gewirkt. Solche Zukunftswirkungen sind nicht wahrzunehmen, indem man in der Zukunft lebt. Denn dann wäre die Zukunft nicht mehr Zukunft, sondern zur Gegenwart oder gar zur Vergangenheit degradiert worden. *Vielmehr entsteht eine intensive Beziehung zur Zukunft, indem die Verbindung zwischen Vergangenheit und Zukunft, nämlich der Lebensaugenblick, deutlicher ins Erleben und ins Bewusstsein tritt.*

Die Bedeutung des gegenwärtigen Augenblicks für innere und auch äußere Wirklichkeit, für die seelische, zwischenmenschliche und geistige Existenz des Menschen, aber auch für die physikalische Realität, ist in Philosophie und Psychologie, aber auch in der Physik immer wieder thematisiert worden. Stellvertretend sollen hier nur etwa Schillers «Briefe zur ästhetischen Erziehung des Menschen» angesprochen werden, die eine Lebensform entwerfen, in der nicht ein gegenwärtiger Lebensaugenblick für einen zukünftigen aufgeopfert wird.[11] Oder man kann beispielsweise auch an Rudolf Steiners

11 Friedrich Schiller: Über die ästhetische Erziehung des Menschen in

weitreichende Beobachtung zum Zusammenhang von Gefühl und Lebensaugenblick denken: durch das menschliche Gefühl entsteht der Lebensaugenblick, trennen sich Vergangenheit und Zukunft.[12] Thomas von Aquin betont in seinem Kommentar zur «Physik des Aristoteles» die Bedeutung des «nunc» für jede Bewegungs- und Entwicklungswirklichkeit: es gibt nur dann eine Bewegung von einem Zustand in den anderen, eine Entwicklung von der Vergangenheit in die Zukunft, wenn der gegenwärtige Augenblick durchschritten wird.[13] Das «nunc» des Thomas von Aquin, also das Jetzt des Augenblicks, Schillers ästhetischer Moment als augenblickliche Empfänglichkeit und Tätigkeit zugleich, das Gefühl bei Rudolf Steiner als die unmittelbar erlebte Gegenwart zwischen eigener biographischer Vergangenheit und biographischer Zukunft – Hinweise auf die Notwendigkeit, den Le-

einer Reihe von Briefen. Dort heißt es (im 20./21. Brief) über den «ästhetischen Zustand»: «Das Gemüt geht also von der Empfindung zum Gedanken durch eine mittlere Stimmung über, in welcher Sinnlichkeit und Vernunft *zugleich* tätig sind, eben deswegen aber ihre bestimmende Gewalt gegenseitig aufheben ... Diese mittlere Stimmung, in welcher das Gemüt weder physisch noch moralisch genötigt und doch auf beide Art tätig ist, verdient vorzugsweise eine freie Stimmung zu heißen ...» Diese mittlere Stimmung, die nur im uneigentlichen Sinne ein «Zustand» ist, bedeutet das Aufwachen für die menschliche Unmittelbarkeit, für den Lebensaugenblick.

12 Rudolf Steiner: Vortrag vom 10. Okt. 1918 (GA 73); vgl. dazu Wolf-Ulrich Klünker: Selbsterkenntnis – Selbstentwicklung. Zur psychotherapeutischen Dimension der Anthroposophie. 2. Auflage Stuttgart 2003, S. 107 f (Abschnitt «Erkenntnis des Gefühls»).

13 Thomas von Aquin: In octo libros physicorum Aristotelis expositio. Hrsg. von P. M. Maggiolo. Rom/Turin 1965 (Ausgabe von Marietti); vgl. beispielsweise lectio XVIII im vierten Buch. Dort kommt auch zum Ausdruck, dass der gegenwärtige Augenblick, im Unterschied zu Vergangenheit und Zukunft, letztlich außerhalb der Zeit und damit der Ewigkeit nahe ist.

bensaugenblick aus seiner Überlagerung von der Vergangenheit her und auf die Zukunft hin zu befreien. Wie lässt sich der lebendige Empfindungsmoment entdecken, der nicht nur durch Verursachung aus der Vergangenheit determiniert ist und nicht ausgehöhlt wird durch die Orientierung auf die Zukunft, auf das, was ich erreichen will? Der Lebensaugenblick, der andererseits sich nicht gegenüber der bereits gelebten Vergangenheit isoliert, der seine Offenheit für die Zukunft nicht verliert, sondern der gerade Ausdruck der ich-geführten Verbindung von Vergangenheit und Zukunft wird? Der damit auch die Dumpfheit und Blindheit einer vergangenheits- und zukunftslosen Gegenwart überwindet, die sich nur von Moment zu Moment fortsetzt und somit zum Gefängnis eines geschichtslosen und entwicklungsunfähigen Ich wird?

Geisteswissenschaft bedeutet heute auch, den Erkenntnisinhalt für ein Verständnis von Seele und Ich zu bemerken, der mit dem Aufwachen im Lebensaugenblick verbunden ist. Therapie, aber auch seelische Selbsthilfe vom Ich her, die auf geisteswissenschaftlicher Menschenkunde beruhen, arbeiten mit dem konkret erlebten Erkenntnisinhalt, der sich aus der gelebten Geistesgegenwart ergibt. Therapie wäre dann nicht eine Anwendung geisteswissenschaftlicher Erkenntnisse vom Menschen oder bestimmter Methoden, sondern die eigene biographische Aufmerksamkeit *und* Erkenntnisfähigkeit dem anderen Menschen gegenüber, die sich aus der Intensivierung des Lebensaugenblicks in der zwischenmenschlichen Begegnung ergibt. Anthroposophie wäre dann entsprechend das geistige Mittel, mit dem ich selbst an meinem Erwachen für den Lebensaugenblick arbeiten kann: jenseits des Dualismus von Theorie und Anwendung, von Begriff und Leben, von Erkenntnis und Praxis. Damit ist im Grunde der Einheitspunkt von biographisch wirksamer Ich-Kraft und therapeutischer Kraft gekennzeichnet – das Ich, das sich durch Geistesgegenwart im Lebensaugenblick seelisch selbst ergreift und zugleich zu einer therapeutisch wirksamen Kraft für die Seele wird.

Das vorliegende Buch konnte in der hier gewählten Kürze nur andeuten, dass das Selbst*verständnis* des Ich immer zur Grundlage des seelischen Selbst*erlebens* wird. Das Seelenleben macht in sich selbst zunehmend deutlicher, wie sehr die Seele aus der Wirklichkeit und Wahrheit des Ich lebt. Der Wahrheitsbezug, den das Ich für sich herstellt, bringt tragfähiges seelisches Selbsterleben hervor. Wenn dieser Zusammenhang in der Umgebung «vorgelebt» wird, wirkt eine therapeutische Kraft vom einen auf den anderen Menschen.

Diese therapeutische Kraft ist *individualisierte Logos-Kraft:* Logos bezeichnet im Sinne des Prologs zum Johannes-Evangelium diejenige wirkende Kraft der Wahrheit, des Begriffs und der Erkenntnis, durch die alles geworden ist; Begriff, Erkenntnis und Wahrheit sind dann nicht Abbild und Wirkung einer bereits bestehenden Wirklichkeit; sondern sie schaffen diese Wirklichkeit erst. Die individualisierte Logos-Kraft des Ich versteht so die Seele nicht nur, wie sie ist; vielmehr wird dieses Ich mit seinem schaffenden und im eigenen Leben gleichsam ausgesprochenen Begriff für die Seele zu einer begründenden Kraft.

Wolf-Ulrich Klünker

SELBSTERKENNTNIS – SELBSTENTWICKLUNG

Zur psychotherapeutischen Dimension der Anthroposophie

184 Seiten, kartoniert

Der psychotherapeutische Ansatz der Anthroposophie greift den Entwicklungsimpuls der Psychoanalyse auf, indem sie nach der Verwandlung bzw. Bewusstmachung unbewusster Seelenkräfte fragt. Dabei entwickelt sie Erkenntnismittel, die dem unterbewussten Seelenleben wirklich angemessen sind. Bis in die Psychodiagnose und in das Organismusverständnis hinein bildet der anthroposophische Ansatz keine Alternative zum überkommenen Seelenverständnis, sondern dessen sachgerechte Weiterentwicklung.

VERLAG FREIES GEISTESLEBEN

Wolf-Ulrich Klünker

WER IST JOHANNES?

Dimensionen der Letzten Ansprache Rudolf Steiners

172 Seiten, kartoniert

In seiner Letzten Ansprache hat Rudolf Steiner die Wirksamkeit der Anthroposophie mit dem Wesen des Johannes verbunden. Wolf-Ulrich Klünker bewegt sich in seinem meditativ erarbeiteten Text in mäandernder Bewegung auf das Zentrum dieser letzten Ansprache Steiners zu und erschließt dem Leser dabei bisher unbekannte, zugleich aber befeuernde Perspektiven: Im Wesen der Johannes-Individualität erscheint das Schicksal des modernen Ich-Bewusstseins wie in einem Keim vorgebildet. Wer sich dieses erschließt, beginnt Anteil zu haben an der Auferstehungskraft, die sich hinter dieser Individualität verbirgt.

VERLAG FREIES GEISTESLEBEN

Wolf-Ulrich Klünker

CHRISTUS UND DAS SCHICKSAL DES MENSCHEN

Ansätze einer christologischen Menschenkunde

149 Seiten, kartoniert

Krankheiten von Seele und Leib rufen die Frage nach gesundender geistiger Kraft hervor. Anthropologie, Psychologie und Therapie kommen hier häufig an eine Grenze. Bisher wenig beachtete Ansätze der christlichen Menschenkunde erweisen sich in diesem Zusammenhang als zukunftsfähig.

So erscheint die Beziehung von Leib und Seele, von Tod und Unsterblichkeit in einem neuen Licht. Christus wird zum Herrn nicht nur des menschlichen Schicksals, sondern auch der Elemente und damit eine Gesundungs- und Entwicklungskraft.

Wolf-Ulrich Klünker

DIE ERWARTUNG DER ENGEL

Der Mensch als neue Hierarchie

213 Seiten, kartoniert

Der Mensch sollte als neue Hierarchie die einstmals gefallenen Engel ersetzen. Wolf-Ulrich Klünker stellt Entwicklungsdimensionen von Mensch und Engel dar, die deutlich machen, dass beide in ihrem Fortschreiten aufeinander angewiesen sind.

Das Wirken des Engels in der heutigen Zeit unterscheidet sich grundlegend von seiner Wirksamkeit in früheren Epochen: Der Engel erscheint nicht mehr. Aber er spricht leise in der Schicksalsbildung des Menschen. Das Ich des Menschen in seiner geistigen Dimension ist sein Existenzraum.

Der Engel wirkt als Kraft im menschlichen Seelenleben, in der Leibesorganisation, in der Sphäre zwischen Menschen. Ob die Engelkraft den Menschen fördert oder schädigt: das Ich selbst qualifiziert ihre Wirkung.

Der Mensch fragt nach dem Sinn von Natur und Kosmos. Er bemerkt zunächst nicht, dass der Engel mit höheren Hierarchien und Elementarkräften die Witterung und kosmische Einflüsse bestimmt. Im Engel verbinden sich Natur, Empfindung und geistiges Selbstbewusstsein. Hier entsteht die Kraft, die zur seelischen und leiblichen Genesung des Menschen beitragen kann.

VERLAG FREIES GEISTESLEBEN